U0928227

浙江省重点学科西方经济学
资助项目

法律经济学博士文丛

史晋川 主编

激励与接入：
版权制度的经济学研究

INCENTIVE AND ACCESS:
THE ECONOMIC RESEARCH ON THE COPYRIGHT SYSTEM

朱 慧 著

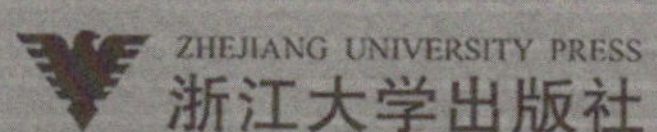

ZHEJIANG UNIVERSITY PRESS

浙江大学出版社

总　序

《法律经济学博士文丛》是由浙江大学经济学院政治经济学和西方经济学专业法律经济学研究方向博士研究生的博士学位论文集成的一套学术丛书。

法律经济学(或"法和经济学")是一门法学与经济学的交叉学科,自20世纪50年代以来,在科斯、阿尔钦、卡拉布雷西和波斯纳等人的倡导下,在西方学术界兴起和蓬勃发展。尽管法律经济学自诞生以来就从来不是一场统一的学术运动,但是,大多数学者对于法律经济学的学科定位不外乎认为是以下两个方面:一是强调法律经济学的研究重心是剖析法律对社会经济活动的影响;二是强调法律经济学的研究重心是用经济学的理论和分析工具研究法律问题。

中国大陆的法律经济学引进与研究,可以说是1978年改革开放以后的事情。在法学界,北京大学、中国人民大学、吉林大学、复旦大学和西南政法大学的法学院都活跃着一批法律经济学的研究者,其中北京大学法学院的朱苏力教授在介绍和引进法律经济学理论,尤其是大力翻译介绍波斯纳教授的法律经济学文献方面,做出了很大的努力和贡献。在经济学界,中国社会科学院的张曙光教授、盛洪教授和复旦大学的张军教授、山东大学的黄少安教授,在推动法律经济学的研究过程中,也做出了显著的成绩,法律经济学在国内经过20多年的发展,已经成为一门受到法学界和经济学界愈来愈多关注的学科。

浙江大学经济学院的学者对法律经济学的关注始于20世纪90年代初期,至今也不过十余年,浙江大学经济学院开设博士研究生的法律经济学相关课程及招收法律经济学研究方向的博士研究生,距今也只不过七至八年的时间。但是,可以欣喜地看到,浙江大学经济学院的从事法律经济学研究的师生经过数年勤奋努力的研究,已经在《经济研究》、《中国社会科学季刊》、《中国社会科学评论》、《经济学季刊》和《管理世界》等学术期刊上发表了数十篇高水平的学术论文,同时初步形成了一支年青的和充满学术活力的法律经济学研究团队，跻身于国内法律经济学研究领域的前列。

毋庸讳言，中国大陆的法律经济学研究不仅与国际学术界的研究前沿相比较，即使与中国台湾地区的学术研究水平相比较，都仍然存在着差距。法律经济学这门学科在中国大陆的发展，事实上至今存在着两大问题：一是法律经济学研究的进一步本土化的问题，而且这一问题由于不同的法系——普通法与大陆法——的差异性，给研究者带来了更大的挑战；二是在法律经济学研究中经济学与法学家的学科“磨合”问题，而且这一问题由于中国大陆法学界与国际学术界接轨相对滞后于经济学界（请相信这绝对是一个善意的批评，且笔者认为是基于客观事实的），显得更为突出。当然，尽管在研究中存在着诸多的困难与问题，我们仍旧对法律经济学在中国大陆的发展充满信心。浙江大学经济学院的法律经济学研究团队，希望在今后的研究中有更多的机会向国内外的同行学习和开展学术交流，为推动法律经济学的学科建设贡献一份浙大人微薄的力量。

史晋川

2006 年 5 月 7 日于杭州南都德加公寓

浙江省社会科学界联合会《版权经济学》(08Z07)课题研究成果

摘 要

版权法是一部形成一国社会文化的法律。版权属于知识产权体系，因此，其保护的标的是思想的创造物，这就决定了版权必须以赋予权利人一定的专有权利来达到和实现激励创作者创作的目的。同时版权又兼具了增进知识和学习的宪法性目的，因此它需要通过设定一些公共领域促进一般的社会公众接入到创新的思想以达到传播作品提高社会公共利益的目的。可见，版权法从本质上就是要在创作者和使用者之间建立一种基本的激励与接入的均衡关系。本书主要探讨了在版权作品市场中运用经济学方法研究版权制度的可行性。具体而言，讨论了版权制度本身所蕴含的创作者、传播者与使用者的利益均衡问题，并尝试着解决所谓的“激励与接入”的两难困境，实现对创作者激励的同时达到对使用者的接入。

其中，第二章为版权制度的历史变迁，首先从复制技术变迁的视角详细描述版权制度的历史变迁过程，然后对版权制度在中国的发展进程作了特别说明。第三章是版权制度经济学研究的文献回顾，通过评述各种关于版权经济学的理论，梳理出该领域发展的脉络，并指出版权经济学研究可能的发展趋势。第四章指出激励与接入的困境是版权制度最根本的问题。通过阐述激励与接入内涵以及激励与接入困境产生的原因，从三个层次概括和归纳出激励与接入的均衡。第五章主要讨论激励与接入的最优均衡，将版权制度归结为创作者与使用者的均衡。通过设置版权保护的多重维度包括版权的长度、宽度和高度，构建最优版权保护模型，并经过基于全球音像产业的实证计量模型的检验，解决所谓的“激励与接入”的困境。第六章主要讨论当存在累积效应的创作活动发生时，第一代原创作者和第二代新作作者之间的激励与接入的代际均衡问题。通过借助产业经济学中的产品差异理论来探讨两类不同的作品市场如何实现激励与接入的代际均衡问题。在研究水平差异型作品市场的过程中，运用了基于排名效应的水平差异模型；

同时，在研究垂直差异型作品市场的过程中，运用了具有模仿创新效应的垂直差异模型。通过理论模型确定了原创性的边界，给出保护原创收益与激励后续创新的均衡，解决了激励与接入的代际均衡问题。第七章首先把复制技术分为信息替代型技术与信息互补型技术，然后给出版权制度产生之初所形成的基期均衡，进而分别探讨两种不同类型的技术变迁对版权法时际均衡的不同影响路径。

本书得出以下基本结论：第一，激励与接入的均衡实际上可以分为三个层次：激励与接入的最优均衡、激励与接入的代际均衡和激励与接入的时际均衡。第二，版权可以通过三个方面来定义：一是版权的长度、宽度和高度。且各期作品数量与社会福利净现值之和是关于版权长度、版权宽度和版权高度的函数。实证研究结果表明，版权长度和音乐作品数量呈显著正相关关系。这也说明，版权期限的延长对作品数量的增加是有利的。版权宽度和音乐作品数量呈显著负相关。这表明，版权法保护的范围越宽、内容越多，越不利于作品数量的增加。版权高度和音乐作品的数量呈显著负相关，这意味着越严格的版权法越不利于版权作品的出现。第三，在水平差异型作品市场上，要解决激励与接入的问题，必须做到：对于排名效应足够强的原创作品应该给予较强的版权保护；对于新作的教材作品，必须是有一定的市场规模，占有一定的市场份额的新作教材才能给予其版权保护。在垂直差异型作品市场上，原创作者创新作品后，新作作者在其基础上进行模仿创新，新作作品的质量与原创作品的质量比必须大于模仿创新效应系数，才能实现产品质量的差异化。第四，传统技术变迁总是沿着使复制成本越低和复制品与原作品替代程度越高也即信息替代程度越高的路径在发生的。数字复制技术变迁总是沿着使数字复制品和原作品互补程度越高也即信息互补程度越高的路径在发生的。

总之，本书通过对版权制度的深入研究，从法经济学的角度对版权制度激励与接入的最优均衡、代际均衡和时际均衡问题进行模型分析，加深了对版权制度的理解，同时也对版权领域出现的不同现实问题进行了分析并提出了一些具有借鉴意义的解决构想。

关键词：版权制度；激励；接入；均衡

ABSTRACT

Copyright law is a law to form social culture of one country. Since copyright belongs to the system of intellectual property rights, its object of protection is the creature of idea. So it decides that copyright must motivate the author to create works by endowing them with certain proprietary rights. And at the same time copyright has the constitutional purpose to increase the knowledge and learning. Therefore, it must set public domain to promote the public access to the innovation in order to diffuse the works and enhance the social interests. It is obvious that copyright law established a basic equilibrium of incentive and access between author and user essentially. This book mainly discusses the feasibility of applying the economic method to the copyright system in the works market. Concretely this book probes into the problem of interest equilibrium between the author, disseminator and user, and attempts to solve the dilemma of so-called "incentive and access" in order to achieve the incentive to the author and access to the user.

Thereinto, chapter two is the history of copyright system. Firstly, this part describes the change of copyright system in history from the perspective of change of copying technology. Furthermore this part specially narrates the development course of copyright in China. Chapter three is the literature review of economics on copyright. By reviewing all economics theory on copyright, this part finds out a clue of the development in this fields and points out the possible tendency of the development. Chapter four points out the dilemma of incentive and access is the basic problem of copyright system. By setting forth the implication and cause of incentive and access, generalize the three forms of equilibrium of incentive and access. Chapter five mainly focuses on the optimal equilibrium of "incentive and access" and summarizes the copyright system as the equilibrium between author and user. By setting multi-angle protection of copyright, including copyright length, breadth and height, we establish optimal copyright protection model, and solve the dilemma by empirical model on global audio-visual industry. The sixth chapter mainly discusses inter-generational equilibrium of incentive and access between the original creator and sequential innovator when the creative activity has the cumulative effect. We probe into the two kinds of markets with the product differentiation theory, that is, apply the horizontal differentiation model with ranking effect in horizontal differential market and apply the vertical differential model with innovation on the basis of imitation in vertical differential market. With the theoretical model, this part makes sure of the frontier of originality which can achieve the equilibrium between the protection of creative revenue and incentive to the sequential innovation. Chapter seven divides copying technology into information-substitute technology and information-complementary technology. Then we bring forward the base period equilibrium which is formed in the beginning of the copyright system, and analyze the different effects that two kinds of technology have on the time equilibrium of copyright law.

This book draws the conclusions as follows. Firstly, the equilibrium of incentive and access can be divided into three levels, that is, copyright length, breadth and height. And the empirical study has shown that copyright length has positive correlation with the number of music works. This means extend of copyright duration is benefit for the increase of works number. Copyright breadth has negative correlation with the number of music works. This means expand of copyright scope does harm to the increase of works number. Copyright height has negative correlation with the number of music works. This means the more serious copyright law, the less new works. Thirdly, to solve the problem of incentive and access in horizontal differential market, we should deal with it in different ways: endow the original work with strong ranking effect with strong copyright protection and endow the new works with certain market scale with the copyright protection. In the vertical differential market, new works innovate on the basis of imitating the original one. When the ration of quality of two works is larger than the coefficient of innovation effect on the basis of imitation, the difference of quality between two works can be achieved. Fourthly, the change of traditional technology occurs along the track of higher and higher substitution, while the change of digital technology occurs along the track of higher and higher complementation.

In a word, this book explores the copyright system and analyzes optimal equilibrium, inter-generational equilibrium and time equilibrium of incentive and access from the angle of law and economics. This book provides a further understanding of copyright system and puts forward some referenced ideas for the real problem in this field.

Keywords: Copyright System; Incentive; Access; Equilibrium

目　录

1 导 论

本章首先以版权制度的发展情况和知识产权的保护作为研究背景，引出对版权制度进行经济学分析的关注，进而阐述从激励与接入的视角对版权制度进行重新诠释的理论意义和现实意义，概括性地描述本书将要采用的研究方法，最后提炼出本书的基本框架和可能的创新。

1.1 研究选题的确立

版权(copyright)，来源于拉丁文 copia，意为内容很丰富或为了形成丰富的内容。现在定义为由国家立法机关授予的一系列法律特权，其中包括复制权、筹备衍生作品权、发行被保护作品权以及展示或表演被保护作品权等[①]。以德国、法国为代表的大陆法系国家一般称其为著作权或作者权(Author's Right)；而以英国、美国为代表的英美法系国家则将其称为版权。通常情况下，版权也称为著作权，在国际上版权和著作权是通用的。例如，在 1886 年《保护文学和艺术作品伯尔尼公约》第二条中使用的 Author's Right，日文转译为著作权，而在英文版本中，该条款的 Author's Right 则被转译为 Copyright。从我国目前使用的情况来看，我国的《著作权法》将"著作权"和"版权"规定为同义语。

英美法系的版权制度始于 1710 年英国国会通过并颁布的世界上第一部版权法[②]——《安娜女王法》[③]，对文学作品的作者授予了一种所有权利益，"以鼓励……有学识者创作和写作有用的作品"。该法的提案最初名为《鼓励学习和保护书籍复本财产权的提案》，后又被改为《为鼓励学习而授予作者或购买者对书籍复本财产权的法案》，并且法案没有对这种财产权的享

① 参见新帕尔格雷夫法经济学大辞典，"copyright"词条。

② 富田彻男.市场竞争中的知识产权.北京：商务印书馆，2000，第 11 页中认为"威尼斯于 1545 年颁布了最早的一部著作权法，规定未经作者同意不准印刷"。

③ 也有的文献译为《安妮女王法》。

有施加任何时间限制，然而在最终版本中导言部分作了重大修改，规定授予作者“出版的独占权利和自由”以换取“有用作品”的持续生产。在序言中明确指出：颁布该法的主要目的，是为了防止印刷者不经作者同意就擅自印刷、翻印或出版作者的作品，以鼓励有学问、有知识的人编辑或写作有益的作品。在该法正文的第1条中，也指出作者是第一个应当享有作品中的无形产权的人。这部法律讲明了印刷出版者或书商与作者各自应享有的不同专有权：印刷出版者或书商将依法对他们印制与发行的图书享有翻印、出版、出售等专有权；作者对已印制的书在重印时享有专有权；对创作完成但尚未印制的作品，也享有同意或禁止他人“印刷出版”的专有权，亦即“版权”。《安娜女王法》规定作者和出版商的权利是有期限的，对于新作品的保护期限是14年；14年后如果在世可以续展14年；之前的旧作品保护期限为20年。该法确立了作者的权利主体地位，使早期以出版商为本位的特权转变为以作者为本位的特权，欧美版权学者们认为正是这一转变实现了一大飞跃，也成为“版权”概念近代化的一个明显标志。我国直到清朝末年才开始著作权立法，1910年颁布了我国历史上第一部著作权法——《大清著作权律》。

此后，版权法经历了印刷技术、广播电视技术和数字技术的三次重大飞跃。版权保护也扩展到其他各种形式所表现的创造性作品和行为中，将舞蹈、绘画、建筑、制陶、摄影、动画、唱片和磁盘等文化作品和活动以及卫星广播、电视、电脑程序软件、集成电路布图设计等数字作品和行为都纳入了版权保护的范畴中。版权概念随着知识经济与互联网及通信技术的广泛应用，日益得到人们的重视，世界各国也积极地通过法律来调整各利益主体之间的平衡。但是，学术界对于一个国家为何要建立版权制度来确立作者的权利地位(作者的相关权利可参见图1-1)的问题，仍然是众说纷纭并且争论不休。主要的争议问题集中在：在何种条件下，可以合法取得对所创作作品的权利？如何鉴别并划定此种权利？如果这种权利存在，如何避免这种社会性的垄断权对经济和文化的影响？如何对作者权利进行法律规制不是一个偶然的命题，其实从最早的版权法就能看出是源于一种关于创作者与社会公众之间利益平衡的朴素法律思想，其实这正是版权法最基本的原则所在。在安娜法中就已经存在关于公共领域的论述，后续的版权法也都或多或少地体现出该种合理思想——在作者权利、使用者权利和传播者权利中寻找均衡点。美国学者 Lindberg 就认为,"自 18 世纪英国率先制定有关版权的安娜法令以来,著作权法已经发展成为协调作者、传播者、使用者三者利益关系的平衡器。"①要实现版权法的促进学习、留存公有领域和促进公众接近等目的,需要在赋予作者和作品的使用者的利益之间实现精妙的平衡,即在垄断和分享之间创设并维持一种平衡。平衡机制的关键就是版权法对作者等版权人专有权利的授予确定在一个适当的水平上:一方面,为了鼓励作者创作,给作者以创作的动力;另一方面,如果赋予过度,社会将会发现在利用版权作品方面寸步难行。版权法的利益平衡可以分为"制度内的利益平衡"和"制度外的利益平衡"。制度内的利益平衡主要包括版权法上权利和义务的总体平衡、版权人利益和社会公众利益的平衡、不同版权人之间的权利义务平衡以及版权法本身效率与公平的平衡等;制度外的利益平衡则包括版权法与其他知识产权的平衡、版权法与竞争法的平衡以及国际层面的版权法与国际公约的平衡、南北国家之间版权法的利益平衡关系。就如同博登海默所说,"一个发达的法律制度经常试图阻碍压制性权利结构的出现,其依赖的一个重要手段便是通过在个人和群体中广泛分配权利达到权利的分散和平衡。"②

版权法又可以被称为文学艺术产权法,它是一部形成一国社会文化的法律。版权属于知识产权体系,因此其保护的标的是思想的创造物,这就决定了版权必须以赋予权利人一定的专有权利来达到和实现激励创作者尽心创作的目的。同时版权又兼具了增进知识和学习的宪法性目的,因此它需要通过设定一些公共领域促进一般的社会公众接入到创新的思想以达到传播作品提高社会公共利益的目的。可见,版权法从本质上就是要在创作者和使用者之间建立一种基本的激励与接入的均衡关系。这种均衡关系在不同国家之间存在着不同的规定和差异。例如,大陆法系国家的版权法较为注重对作者的保护,甚至将版权视为作者权,包括经济权利和精神权利。并认为,作品是作者人格的延伸,作者有权将其保护作为自身完整的一部分,

① 吴汉东. 著作权合理使用制度研究. 北京:中国政法大学出版社,1996:77。

② 博登海默著. 邓正来等译. 法理学——法哲学及其方法. 北京:华夏出版社,1987:344。

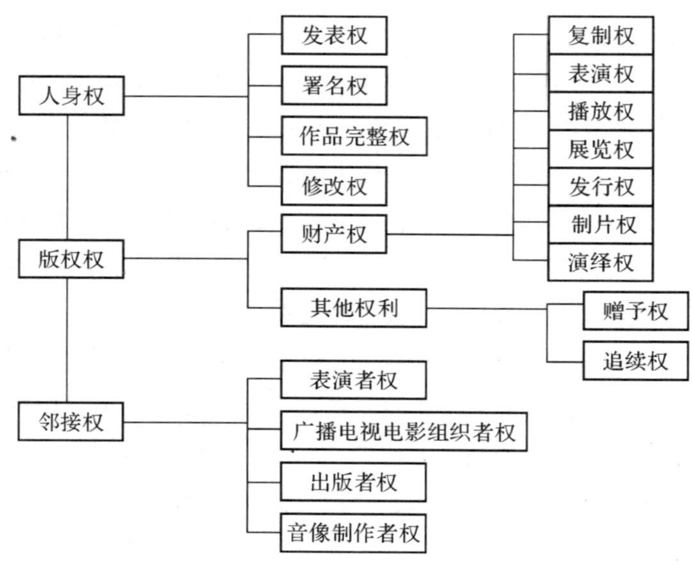

图 1-1　作者相关权利图

因此版权法首先是充分确保作者的权利。而英美法系国家的版权法除了重视对作者权利的保护外，对其他利益主体和社会公共利益的保护也特别强调。

同时我们也认识到，版权制度是随着各种复制和传播技术的发展而逐步健全和完善起来的。技术与法律是推动社会信息化的两种外部力量，但这两种力量并非同步增长。技术是个人价值追求的结果，变化迅速；法律是不同集团之间利益均衡的产物，往往滞后；而这种不协调状态在版权领域中表现尤为明显。如果技术保持不变，强化法律就会增加版权保护的力度；如果法律保持不变而技术在发展，版权保护就会被削弱。从这个意义上讲，版权和科学技术之间始终存在着斗争，并且相互促进发展。版权法也因此长期存在于一种不断面临威胁并及时调整和改革的状态中。面对历史上复制技术的多次革新，版权法都逐步调整和修改，扩展保护范围和增加保护力度，达到法律对非法复制的遏制效果。因此我们有必要考察随着技术创新，版权体系内外的利益均衡是如何实现重新调整的过程，并达到版权制度改革和完善的目的。

1.2 研究方法的应用

本书的选题定位于版权法的法律经济学研究，拟采用的研究方法包括：

(1)博弈论和新产业组织理论。20世纪70年代以后出现的新产业组织理论(NIO)，以分析企业策略性行为为主旨，与以往传统的产业组织理论有较大差别。新产业组织理论区别于传统产业组织理论的首要标志，在于理论研究方法的统一。博弈论已经成了新产业组织理论研究的统一方法，其中非合作博弈理论及其分析方法又无疑居于统治地位。本书试图运用博弈论和新产业组织理论分析创作者和传播者在作品创作和版权实施等过程中所采取的策略性行为。在市场结构理论的基础上考虑厂商之间不同的策略性行为的相互影响，并建立各种特定的策略性行为模型，论述版权行业中的作品定价、产品差异化等问题。其中，在激励与接入的代际均衡部分，构建了基于排名效应的水平差异模型、具有模仿创新效应的垂直差异模型，分别说明水平差异型作品和垂直差异型作品的问题。

(2)法律经济学和新制度经济学理论。本书引入经济学的分析方法对版权制度的相关问题进行研究，因此有必要理解法律的一般原则，并且在研究中必须注重经济学的分析方法与法理分析的相互渗透。法律经济学的研究方法和新制度经济学的基本概念都对本书的分析，产生重要的影响和借鉴意义。尤其是关于知识产权的经济学分析和产权理论对财产权的理解都将有助于本书的深化和拓展。同时，从法学层面对利益均衡原则以及激励与接入困境进行深入探讨也有助于理解本书的写作立意。

(3)数理模型分析。本书将系统的分析相关理论和现实情况，抽象出新的经济变量，从而构建最优版权保护的理论模型、模拟技术变迁后的均衡调整模型以及数字技术变迁后的均衡调整模型，并用数理方法证明相关的命题和推论。

(4)经济计量分析。本书拟采用经济计量分析的方法来检验理论模型和现实情况的拟合程度。在基于全球音像产业的实证模型中，研究了版权制度中包括版权的长度、宽度和高度分别对音乐作品数量的影响和促进作用，并对版权制度的绩效进行评价分析。通过数据分析进一步揭示现实版权制度运行中的结构性问题，并据此提出政策建议。

(5)案例分析。本书结合具体的案例进行研究，其中包括对特殊产业和特别法律案例的讨论，为文章的理论模型找寻现实基础。并通过实证观察进一步验证之前的理论推断的正确性。例如，国外版权历史上重要的 Napster 案例、米老鼠保护案以及国内音乐版权方面的手机铃声下载和乌苏里船歌等重要案例都将成为研究的重点。

1.3 研究框架的构建

本书以对版权制度的历史变迁和版权经济学理论文献回顾为起点，探讨了在版权作品市场中运用经济学方法研究版权制度的可行性。具体而言，讨论了版权制度本身所蕴含的创作者、传播者与使用者的利益均衡问题，并尝试着解决所谓的“激励与接入”的两难困境，实现对创作者的激励同时达到对使用者的接入。在此基础之上，对激励与接入的最优均衡问题研究作了两方面的扩展。一是，从产品差异理论出发考虑原创作者与后续作者之间的利益均衡问题，也即激励与接入的代际均衡问题，分别运用基于排名效应的水平差异模型和具有模仿创新效应的垂直差异模型，来分析考察在水平差异型作品市场和垂直差异型作品市场两个不同类型的版权作品市场中，两个创作者即原创者与后续者之间的均衡问题。二是，从复制技术变迁与版权制度发展的关系着手，研究版权制度原有的激励与接入均衡是如何被打破，并进而通过协调和发展之后重归于新均衡的过程，即实现所谓的激励与接入的时际均衡问题。并将复制技术分为信息替代型和信息互补型两类技术，分别探讨不同类型的技术对版权制度均衡的影响。最后得出结论和启示，对将来的研究提出一些建议和想法。在总体结构上，每一章节都可独立成章，但相互之间又是紧密相连。

本书具体章节安排如下：

第二章为版权制度的历史变迁，首先从复制技术变迁的视角详细描述版权制度的历史变迁过程，以三次复制技术变迁为标准将版权制度分为前版权时期、传统版权时期、全球化版权时期和数字版权时期四个时期。然后对版权制度在中国的发展进程作了特别说明，探讨了清朝末期、民国时期、新中国建立时期以及改革开放时期的中国版权制度。

第三章是版权制度经济学研究的文献回顾，通过评述各种关于版权经济学的理论，梳理出该领域发展的脉络，并指出版权经济学研究可能的发展趋势。有关版权问题的经济学研究可以分为三个方面，分别是关于版权制度本身的相关研究、关于版权实施的研究以及关于版权管理的研究。

第四章认为版权的保护作者权利和维护公共利益双重立法目的是相辅相成的，可以基本归结为“激励与接入”的一种均衡关系。激励与接入的困境是版权制度最根本的问题。通过阐述激励与接入内涵以及激励与接入困境产生的原因，从三个层次概括和归纳出激励与接入的均衡。

第五章主要讨论激励与接入的最优均衡，将版权制度归结为创作者与使用者的均衡。通过设置版权保护的多重维度包括版权的长度、宽度和高度，构建最优版权保护模型，并经过基于全球音像产业的实证计量模型的检验，解决所谓的“激励与接入”的困境。

第六章主要讨论当存在累积效应的创作活动发生时，第一代原创作者和第二代新作作者之间的激励与接入的代际均衡问题。通过借助产业经济学中的产品差异理论来探讨两类不同的作品市场如何实现激励与接入的代际均衡问题。在研究水平差异型作品市场的过程中，运用了基于排名效应的水平差异模型；同时，在研究垂直差异型作品市场的过程中，运用了具有模仿创新效应的垂直差异模型。通过理论模型确定了原创性的边界，给出保护原创收益与激励后续创新的均衡，解决了激励与接入的代际均衡问题。

第七章认为复制技术与版权法的变革之间存在着特有的关系。复制技术的变化导致了版权市场的原有均衡发生改变，版权制度相关利益人的均衡关系受到影响，因此必然要求变革现有的版权制度，对版权制度利益均衡实现重新调整，并达到新的均衡。首先给出版权制度产生之初所形成的基期均衡，然后把复制技术分为信息替代型技术与信息互补型技术，进而分别探讨两种不同类型的技术变迁对版权法时际均衡的不同影响路径。

第八章为结论与启示，归纳出全文的主要研究结论，指出本书的理论价值和现实价值，并提出一些后续的相关研究工作中值得进一步深入探讨的问题。

1.4 可能的研究创新

本书在借鉴前人理论研究成果的基础上，努力拓展创新思维，力图在理论方面能够达到一些可能的研究创新。总体而言，本书的创新思路是从法律经济学的视角审视知识产权制度，将经济学的效率标准引入法学理论中的版权制度的分析和比较，从而扩展法学界对于版权制度的研究。因此，本书从经济学的角度入手对版权制度中的激励与接入问题进行重新研究和诠释，以期对法学理论中的知识产权理论有所发展，同时也有利于法律经济学中的知识产权经济学理论的发展和延续。具体而言，本书的创新体现在以下几个方面：

第一，在探讨版权制度“激励与接入”困境的时候，将该问题归结为版权制度相关人之间的一种均衡问题，并且将此种激励与接入的均衡分为三个层次：第一层次的均衡是最基本的均衡，就是创作者的激励和消费者的效用之间的最优均衡，是有效生产和有效消费之间的权衡。第二层次的均衡则是在代际之间的激励和接入的均衡。当考虑到创作活动的累积效应时，需要对第一代的原创作者收益进行保护，但同时还需要对第二代的新作作者的创作进行激励。第三层次的均衡则是在时际上的激励与接入的均衡。在更为长期的创作活动中，需要考虑在新的复制技术条件下，如何实现对激励与接入均衡的调整。

第二，在研究激励与接入的最优均衡问题上，将版权从三个方面来定义：一是版权的长度，也即版权法律保护实施的时间期限；二是版权的宽度，也即版权法律保护实施的范围；三是版权的高度，也即版权法律保护实施的严格程度。并且认为，版权的多重维度混合保护导致了版权保护困境的出现。因此，解决最优版权保护问题将实现版权相关人之间的激励与接入的均衡。从社会福利最大化的角度来探讨版权最优保护问题，进而为版权制度激励与接入困境找到适当的均衡。而且得出结论，各期作品销售数量以及社会福利净现值之和是关于版权长度、版权宽度和版权高度的函数。最后在理论模型的基础上，基于全球音像产业进行实证研究。

第三，在激励与接入的代际均衡问题上，分别构建了基于排名效应的水平差异模型和具有模仿创新效应的垂直差异模型来解决水平差异型作品市场（如教材市场）和垂直差异型作品市场（如专著市场）的问题。

基于排名效应的水平差异模型是假设两个作者位于该教材类版权市场的两端，两部教材几乎是同质的，把消费者与教材作者的关系差异解释为产品横向差异。关系越近，意味着对产品特殊效用的评价越高，产品的横向差异越大，则作者从中取得的利润也越多。因此，每个作者都会倾向于加强对两边的消费者的垄断力量，采用各种手段或推荐或指定强制销售自己的教材。在教材市场上，要解决激励与接入的问题，必须做到：第一，对于排名效应足够强的原创作品应该给予较强的版权保护；第二，对于新作的教材作品，必须是有一定的市场规模，占有一定的市场份额的新作教材才能给予其版权保护。

具有模仿创新效应的垂直差异模型，假定原创作者与新作作者在相同领域内进行竞争，且 $q_2>q_1$，那么两个作者实施差异化价格，两部作品的均衡价格满足 $p_2>p_1$。原创作者创新作品后，新作作者在其基础上进行模仿创新，新作作品的质量必须达到原创作品的$\frac{7}{4}$以上，也即模仿创新效应系数$\beta\geqslant\frac{7}{4}$，才能实现产品质量的差异化。模仿创新效应系数实际上是一个均衡的质量创新系数，它解决了保护原创收益和激励后续创新的两难问题。一个有效的版权法，应该赋予质量创新系数大于该均衡质量创新系数的新作作品以版权，而对于质量创新系数小于该均衡质量创新系数的新作作品，不应该赋予新的版权。

第四，在激励与接入的时际均衡问题上，不仅考虑了传统复制技术变迁对原有的激励与接入均衡的影响，而且考虑了数字复制技术变迁对原有的激励与接入时际均衡的影响，并得出这两种不同的技术也即信息替代型技术和信息互补型技术会对版权法的改革产生不同的影响。传统复制技术变迁逐步地对版权制度的变迁产生深远影响，并且可以发现传统技术变迁总是沿着使复制成本越低和复制品与原作品之间替代程度越高也即信息替代程度越高的路径在发生的。数字复制技术变迁逐步地对版权制度的变迁同样有着重要的影响，并且可以发现与传统的复制技术不同的是数字复制技术变迁总是沿着使数字复制品和原作品互补程度越高也即信息互补程度越高的路径在发生的。

2 版权制度的历史变迁

从1710年的安娜法到现在各国的版权法,可以看出版权法的改革经历了一个逐步扩张的历程。具体表现为保护客体和权利内容的增加;版权保护期限的延长;保护范围向个人领域的推进。从本质上看,著作权的扩张仍然可以从激励与接入的均衡关系进行解释。在新的社会经济环境下,特别是技术发展所引发的作品使用方式的增加使得著作权人利益失去平衡,版权法所体现的利益平衡精神需要进行调整,因此就会在版权人一方适当地对版权进行扩张。所以,版权制度的历史演进过程实际上就是一种动态的均衡过程。本章首先从复制技术变迁的视角分析版权制度的历史变迁过程,然后探讨中国版权制度的发展进程。

2.1 复制技术与版权制度变迁

《不列颠百科全书》在阐述版权法的词条中写道:“现代版权观念诞生于15世纪末期,是古腾堡发明的印刷术扩展到全欧洲以及由于宗教骚乱导致文艺复兴和基督教新运动的产物。”[①]版权制度是随着复制技术的多次变迁和发展而逐步产生和完善起来的。

2.1.1 从前版权时期到传统版权时期

1710年《安娜女王法》之前的时期都属于前版权制度时期。在此阶段的初期,作品大多是游唱诗人和演奏艺人即席创作的口头作品,因此不可能有版权保护的理念,也不存在控制口头文化传播的法律。在这样的传统下,所谓的“复制”就是一种文化繁衍的模式,从而形成了特殊文化的再生产。到了该阶段后期,随着印刷术的出现,复制技术得到了前所未有的革新,发明使得复制变得更为容易。无论东、西方的知识产权法学者,都无一例外地

① 朱明远.略论版权观念在中国的形成.编辑之友,1994(1)。

认为版权是随着印刷术的采用而出现的①。出版商们由此得到了政府颁发的特许令，这实质上是一种政府审查的方式，也是一种封建特许权，并不是法律意义上的财产权，但这毕竟是版权制度的萌芽。通过政府审查，一方面政府对作品所表现的思想和言论可以进行控制；另一方面，出版商通过许可证制度得到了出版特权。从 1710 年的《安娜女王法》到 1886 年的《伯尔尼公约》时期属于传统版权制度时期。复制和传播技术在该阶段得到长足发展，复制导致的不再是个别赝品的出现，而是大规模、大批量的几乎可以以假乱真的复制品的发行和销售，此阶段的盗版者拥有了更多的获利空间。盗版现象的发生，也促使了法律对于无形财产权进行保护的必要，版权法才有了形成的必要。传统的版权制度抛弃了前版权制度的审查功能，但承认作者对于智力作品的私人权利，同时阻止盗版行为。第一次技术变迁的发生，使得技术作为一种重要的生产要素开始进入流通市场，而技术成为商品的前提条件就是要有特定的产权主体和明晰界定的产权边界。因此可见，版权制度的出现实质上是对复制技术变迁所提出的"制度需求"的一种"制度供给"回应。

(1)传统印刷术的西进与西方版权制度的出现

印刷术的诞生对于版权而言具有划时代的意义。西方的史学家们对于印刷术的产生给予了高度的评价，他们认为只有理清手写体文化与印刷体文化的不同特点，才能更准确地理解中古纪和近代这两个概念的内涵。印刷术的种类繁多，并且工艺各异，在东、西方各国更是具有不同的风格。在中国发明和发展起来的印刷术，为与西方近代印刷术相区别，通常被称为"传统印刷术"。传统印刷术主要分为雕版印刷和活字印刷两大系列，应用较多的是雕版印刷。其间虽有孔版印刷和套版印刷两类，但二者均归属于传统的雕版印刷。总体而言，传统印刷工艺主要包括：雕版印刷、活字版印刷、套版印刷、漏版印刷，以及应用较少的蜡版、磁版和吕抚泥版印刷；而近代传入的印刷工艺包括：石版印刷、珂罗版印刷、胶版印刷、凹版印刷等。

在这些种类繁多的印刷术中，最先发明的印刷术是雕版印刷，其他门类的印刷术都是在雕版印刷的基础上逐渐演变而来的。雕版印刷的发明是最

① 郑成思. 版权法. 北京：中国人民大学出版社，1990：2。

伟大的发明，具有开创之功。雕版印刷的工艺技术发明最早、应用最久，而且在工艺技术上始终没有多大变化。从唐朝开始推广应用迄今，主要用于书籍印刷；在古代也曾用来印刷书籍以外的诸如报纸、地图、证券、版画等印刷品。关于活字印刷最早的记载可见于宋代科学家沈括的《梦溪笔谈》，书中所述北宋仁宗庆历年间(1041—1048)，毕昇曾采用泥活字排版印书，这是现今知道的关于活字印刷的最早记载。因此，史学界都把毕昇当作活字印刷的发明人，庆历年间是中国也是全世界活字印刷的开端。从沈括记载的毕昇泥活字印刷工艺看，毕昇采用的泥活字印刷，从活字制作、拣字排版、刷印，到拆版还字，工艺已经相当成熟。自北宋之后，宋代(包括与宋同期的西夏)已广泛采用泥活字和木活字印刷书籍；金属活字中的锡活字也曾制作、排印，但没能得到推广。到了元朝，王祯创制转轮排字架、发明转轮排字法，对木活字印刷作出了重要贡献。明朝活字印刷有了较大发展，而且各种活字印刷并行使用，其中尤其以铜活字居多。清朝活字印刷可谓盛行，不仅泥、木、铜、锡、铅等各种活字并行发展，而且出现了大规模活字印刷工程，基本上呈现了中国传统的活字印刷的繁荣景象。

中国发明的印刷术，首先传入朝鲜、日本及东南亚各国，其后通过中亚传入中东和阿拉伯，并通过阿拉伯或蒙古军队进攻欧洲的战争传到欧洲，最后通过欧洲传到美洲、澳洲以及世界更多的地方。欧洲同中国一样，最先出现的是雕版印刷，而后出现的是活字印刷。只是欧洲从雕版印刷过渡到活字印刷用时较短。其原因，一是中国印刷术向欧洲传播时，虽然雕版印刷盛行，但活字印刷也已发明并在应用中；二是欧洲文字由少数字母组成，便于使用活字印刷。因此欧洲很快从雕版印刷过渡到活字印刷。欧洲出现的最早的印刷品，是14世纪末在德国纽伦堡出版的宗教版画。正是中国传统印刷技术的西进直接导致了世界上第一部版权法的出现，也导致了版权制度的产生。《安娜女王法》在世界上首次承认作者是著作权保护的主体，确立了近代意义的著作权思想，对世界各国后来的著作权立法产生了重大影响。它使得著作权不再为书商公司的会员专有，因此任何与出版有关的人，无论是作者还是出版商，只要其作品登记便取得了该作品的著作权。实际上，《安娜女王法》并没有对“复本”、“书籍”、“权利”等一系列概念进行明确的界定。支持该法的出版业者知道明确的界定对其而言并无好处。然而，就是这些遗留的不确定性给此后的近一个世纪内都留下了疑惑和矛盾，从此作者的权利斗争历程走上了一条坎坷的道路。尽管如此，后人仍将《安娜女王法》视为世界版权史的一个重要的里程碑。

进一步阐明现代版权法原理的是1769年的Millar诉Taylor案和1774年的Donaldson诉Becket案。在前一个判例中，法庭依照洛克的自然法原理确定了作者普通法上的版权；在后一个判例中，法庭确认了《安娜女王法》所规定的版权保护期。法国在18世纪末颁布了《表演权法》和《作者权法》，使与出版印刷更为密切相连的专有权逐步成为对作者专有权的保护。他们认为版权不仅是一种财产性权利，而且也是一种保护作者独特个性表达的权利。此后的大陆法系国家，也都沿用法国作者权。现在的大多数法学学者更愿意把英国称为版权传统，把法德称为作者权传统。随后西方国家在18、19世纪相继建立了各自的版权保护制度，美国于1790年颁布了版权法，法国于1793年颁布了版权法，德国于1837年颁布了版权法，意大利于1865年颁布了版权法。

(2)近代印刷术的东渐与中国版权法的产生

近代印刷术是源起于德国人古腾堡开创印刷技术以后，采用的是机械、光学、电器、化学等新发明的先进科学技术，是以机械操纵为基本特征的，与中国传统印刷术相比更为先进的工艺技术。它的传入导致了中国印刷术及其印刷事业的迅速发展和重大变革。同时，由于印刷术是与文化出版事业息息相关的工艺技术，也由于它的传入既是以宗教传播为基本特征的国际间文化交流活动，又是西方殖民主义者向外扩张、侵略中国的工具，因此它的传入在促使中国近代印刷业发生重大变革的同时，对中国近代政治、经济、文化也产生了深刻的影响。

近代印刷术，主要包括以铅活字排版直接印刷和以铅活字版为母版，采用泥版或纸型翻铸成复制版，以及照相术用于印刷制版后产生的照相铜锌版进行印刷的凸版印刷术；以石版、珂罗版和照相平版间接印刷的平版印刷术；以雕刻凹版和照相凹版(影写版)进行印刷的凹版印刷术。这些近代印刷术在19世纪初开始的一百余年中陆续传入中国，并在民族危亡之际和中华民族与外国侵略者的抗争中得以迅速发展。其传入时间，一般均以在中国本土用西方铅活字制作技术制作中文铅活字的1807年为始。

而近代印刷技术的传入中国，对中国版权法的出现产生了深远的影响。1910年，我国第一部版权法——《大清著作权律》，共5章55条，分为通则、权利期限、呈报义务、权利限制和附则。该法的立法取向反映了对英美法系与大陆法系的著作权法的一些基本原则兼收并蓄的立场。《大清著作权律》既保护著作人身权，也保护著作财产权；保护对象为文艺、图画、帖本、照片、雕刻、模型；著作权内容限于对著作的专有重制之利益；实行著作物经民政部注册纳费及交纳样本才给予保护的原则。尽管此后清朝政府被推翻，但是这部版权法仍然不失为是一部成功的法律并且被中华民国临时政府所沿用，并在我国的著作权立法历史上占有极其重要的地位。《大清著作权律》奠定了我国著作权法的基础，此后的多次著作权立法，无不受到这部法律的影响，它为20世纪初处在变革中的中国建立著作权观念树立公民的著作权法律意识起到不可抹杀的作用。此外，这部法律并非一纸空文，明清档案馆保存的清末民政部注册登记的商务印书馆等大量出版物目录的历史资料都表明，该法曾被有效地实施过。

2.1.2 从传统版权时期到全球化版权时期

从19世纪末期到20世纪70年代，也即《伯尔尼公约》从缔结到历次修订完善到最后一次修订的时期，被称为全球化版权制度时期。平版印刷术、摄影术、胶片和声录技术以及平版胶印等复制技术都对传统的"复制"提出了挑战。文化商品的大量传播形成了全新的文化产业，同时也使作者的公众名声得到了大幅度的提升。因此，作者们纷纷要求对自己的经济权利和人身权利进行主张。版权也不得不在新媒体中得到不断的扩张，先后陆续将电影、广播和录像等新的传播方式纳入保护的内容中。而大规模的跨国界和跨州界的盗版侵权，使得人们开始考虑版权全球化保护的问题。总之，在这个阶段，版权保护体现的国际化程度越来越高。第二次复制技术变迁不是发生在一个国家之内的某一单方面突破而是在发达资本主义国家的各个技术领域内同时实现突破的。由于技术创新活动本身实现了国界上的突破，必然要求技术的传播和应用也要在全球范围内发生。因此各国经济竞争所引发的对技术创新的需求，客观上促使了版权制度的国际化趋势。

(1)静电复印与版权制度的国际公约

1938年，美国物理学士查斯特·卡尔逊(Chester Carlson)发明静电复印技术，同年10月，在奥托·科涅(Otto Kornei)的帮助下，取得了第一台复印机的专利；1959年9月，美国施乐公司制成了世界第一台落地式办公用Xerox914型全自动复印机，掀开了世界办公用复印机历史上崭新的一页。此后，静电复印技术更是作为一门成熟的技术，被广泛运用到复印机(模拟式、数字式)、激光打印机和普通纸传真机中。目前全世界开展静电复印技术研究的企业有：施乐、柯达、IBM、RCA、佳能、理光、东芝、柯尼卡、夏普、美能达、三田、奥西等十多家大公司，这使得当今世界复印机产业已然成为一个巨大的产业群体。同时，静电复印技术也随着计算机技术、激光技术、新材料技术、数字技术、网络技术的迅猛发展及信息时代的到来而日新月异地发展。技术不仅使得复印机本身由模拟式转化为数字式，也使得黑白复印机变成双色、多色及全彩色复印。复印技术的飞速发展，使得纸质文本的传播也得以向前迈进。而复本与原版的替代性的增强，也同样促使学者们开始考虑复制技术对出版业和期刊业的各种不同影响。

技术创新突破了地域性的限制，实现了跨国界的移动，必然要求具有地域性的一国或一地区的版权法从国内法向国际法的方向转变。因此，版权法的国际化正是在这种技术创新活动的国际化背景下提出来的。1883年，在国际文学协会的倡导和瑞士政府的主持下，于瑞士首都伯尔尼召开了一次起草保护文学艺术作品国际公约的会议，会议形成的公约草案由瑞士政府分别送到各国以供研究。经过1884年、1885年、1886年三次外交会议后，在1886年9月由英、法、德等10国签署了《保护文学艺术作品伯尔尼公约》(简称《伯尔尼公约》)，由于第二年有8个国家批准了公约，所以《伯尔尼公约》在1887年12月5日生效。公约生效后，经过多次修订，1971年巴黎文本共44条，其中正文38条和附件6条，都规定了公约的宗旨、基本原则、保护范围、权利内容和限制、权利保护期限等。除此之外，还有1883年的《保护工业产权巴黎公约》，是知识产权领域内第一个世界性的多边条约；1952年在日内瓦签署的《世界版权公约》，于1955年生效，并于1971年修订一次。《世界版权公约》对著作权采取的是非自动保护原则，不保护人身权利，保护的财产权利也较少，保护期限也较短，对新加入的国家不要求追溯保护。因此,其保护水平实际上低于《伯尔尼公约》,这为一些愿意采用较低保护水平的国家提供了另一种国际保护的选择。

复印技术的飞速发展,使得纸质文本的传播也得以向前迈进。而复本与原版的替代性的增强,也同样促使学者们开始考虑复制技术对出版业和期刊业的各种不同影响。Liebowitz(1985)用实证研究证明并支持这样的结论,即"复制对出版商没有不利的影响"。随着复制技术的进步,创作者和所有者的知识产权受到了严重威胁。但是,该项实证研究表明未经授权的知识产权复制不一定是有害的,可能是有益的。通过对期刊的影印这一复制行业的实证研究发现,如果出版商可以间接的从没有购买原版期刊的使用者身上获得收益,影印对期刊出版商没有害处。实证研究的工作被分为两个部分:第一部分检验了存在间接获利时影印对价格歧视的影响;第二部分研究了随着复制活动的出现和上升,出版商的行为变化。Liebowitz 认为影印对出版商收入的影响问题是一个十分复杂的问题,只有通过实证检验来解决。但本书的实证研究表明影印对出版商并没有产生重大的不利影响。这一研究改变了原先认为未经授权的复制对版权所有者有害的假设,同时也改变了"合理使用"的概念,而且这个分析也有助于理解其他再复制技术的影响。

Rudiger Pethig(1988)从历史变化的角度分析了信息商品市场。他将获得信息的渠道分为:直接被消费者购买、直接被信息库购买、从以上资源得到复本和下载信息。第一个案例研究是凸版印刷术的出现。在这个例子中,可能出现的两种信息渠道是原稿和印刷稿。根据他的模型,要永久的完全把原稿渠道排除在外,意味着这种渠道的最大收益减去固定渠道成本必须严格小于印刷渠道成本。但是,这种变化是较优的,因为复制成本的大幅下降,使得信息商品生产有利可图。但又出现了新问题,当盗版者进入市场并且能够定的价格比原版供应商更低,因为他们不需要支付作者的报酬。在这种情况下,一个在盗版者与原版供应商之间的古诺——纳什博弈模型被发展起来。博弈的结果是减少了原版供应商的利润、与作者的利润分享合同,因此信息产品更少的生产。最后,Pethig 关注更现代的情况,复制成本减少到一定程度,个人成了提供者。如果供应商无法控制自我提供者,他们的利润最大化决策会减少复制数量,可能会使他们退出市场。如果供应商完全控制了复制市场，他们可以通过价格歧视，比没有复制时获得更多的利润。

Jnusz Ordover 和 Robert Willig(1978)研究了一般可分享的商品（特别是杂志）的市场中需要达到最优福利时的价格率。如果一个商品的某些单元是私人所有的，而另外一些部分是被消费者所共有的话，那么作者认为这种商品应该是"有时共享"(sometimes shared)。这个定义有点类似 Novos 和 Waldman 的"部分非排他"商品的定义。并将消费者分为三种类型：一是购买商品的，二是分享商品的，但当分享的选择无法得到时会选择购买，三是使用分享商品的，即使在分享市场无法得到商品也决不购买原版。在模型中，该垄断出版商在递增的规模报酬条件下实行价格歧视。他们通过约束最大化的方法找到了图书馆定价和个人定价之间的最优价格比率。最后，他们还运用他们的理论结果来检验和估计，是否几大经济杂志是以他们的最优定价比率进行定价的。发现五大经济杂志，AER、QJE、JPE、EI 和 JET 是以最优比率定价的。而其他的杂志可以通过提高图书馆杂志订阅价相对于个人订阅价的比率，来实现福利的增加。同时这个结论也支持了 Liebowitz 的论断，价格歧视能达到最优，而无需用版权保护。

(2)音像录制与版权法保护客体的扩展

19 世纪末至 20 世纪初，新的复制技术即录音录像技术和新的传播技术如无线电传播、有线电视传播、盒带翻录等出现，极大地丰富了作品的创作，也为作品的使用提供了更多的便利。最先出现的是发行、录制、播放、放映声音和移动画面的技术。1877 年，爱迪生成功地设计出了第一台留声机，使信息得以用不同于印刷的方式复制；1894 年，移动画面技术产生并很快向公众放映了第一部电影；1899 年，波尔森制作了在磁化钢带上记载信息的磁带录音机；而到了 20 世纪 20—30 年代，收音机和电视机相继发明，提供了远距离发送声音和图像信号的方法。到 50 年代，美国平均每个家庭拥有 2.3 台收音机，而拥有电视机的家庭也占 50%。随之出现的是 20 世纪中叶廉价的文本、图片和声音复制技术，这些技术逐渐渗透到人们的日常生活，因而利用这些技术复制作品并不需要借助于出版中介者。1948 年，克罗斯比生产出第一台专业的磁带录音机，到了 70 年代末，具有录制和播放功能的模拟录音机大量投入消费市场。美国政府于 1989 年进行的一项调查显示，41%的被调查者在前些年曾在家里录制过磁带。60年代初，第一台录像机在美国投入市场，到1987年50%的美国家庭都在使用录像机。

复制技术的进步和传播方式的多样化，也要求版权法所保护的内容不断的扩展，并力图将一些新的客体纳入到新的保护框架之下。相应的，出现了一批保护不同客体的国际公约。世界知识产权组织、国际劳工组织和联合国教科文组织共同发起于1961年在罗马签订了《保护表演者、录音制品制作者和广播组织罗马公约》(简称《罗马公约》)。该公约是有关邻接权保护的第一个公约，但它也是一个封闭的公约，仅对《伯尔尼公约》或《世界版权公约》的成员国开放。由于《罗马公约》的保护水平较低，并且是非开放性公约，因此无法有效地制止非法复制和销售录音制品的活动。所以在1971年10月29日，英、美、法、德等国家在日内瓦签署了独立于《罗马公约》的《保护录音制品作者防止未经授权复制其作品日内瓦公约》(简称《录音制品公约》或《唱片公约》)。该公约是一个开放性的公约，只要是联合国和联合国专门机构的任何成员国、国际原子能机构的成员国或国际法院规约的缔约国都可以加入。此外还有，1974年在布鲁塞尔缔结的《关于播送由人造卫星传播的载有节目信号公约》(简称《卫星公约》)、1989年在日内瓦缔结的《视听作品国际登记条约》(简称《视听作品条约》)和1979年缔结的《避免对版权使用费收入重复征税多变公约》等。

如何在有效地保护作者利益的同时，防止权利人可能的权利滥用这个问题也变得更加突出，这也促进了版权制度的再一次发展。Besen、Manning和Mitchell(1978)将科斯定理应用于有线电视市场的版权保护问题，决定最优管制政策。根据科斯定理，在无交易成本的情况下，经济体中产权初始分配不会影响资源配置的结果。将此定理用在有线电视市场，意味着版权管制的有无是不会对节目数量产生影响的，但会影响到节目提供者、电视台和有线电视公司的收入分配。为了更深入地分析此问题，他们还列举了一个案例，假定存在两个电视市场和一个有线电视公司。在这个例子中，发生在有线电视公司和节目供应者之间的自发货币流在无版权责任的市场和有完全责任的市场上导致的结果都是相同的。事实上，在此模型之下，如果电视转播会影响节目质量，则有线电视公司的引入，会促使产品生产质量的提高。但是，电视的公共物品性质和交易成本的后续研究，会影响以上结论的一般性。如果电视是公共物品，供应商能够通过价格歧视达到有效配置。尽管节目供应商能够对当地电视台实行价格歧视，但是有线电视台的价格歧视能力却是有限的。此外，存在一定数量的有线电视公司，因此会导致市场由于免费搭车问题而减少社会福利。文章中，还提到在该市场用强制许可进行保护要劣于完全责任形式，因为费用是与市场的价格以及消费者意愿无关的。最后低的费用，对电视节目的长期供给有反面影响。Stoller(1992)对音频和视频录像、计算机软件程序和书籍的侵权情况做了总结。他的基本结论是当被侵权的商品是消费品(如音乐)比侵权的商品是资本品(如软件)的情况下，侵权对社会福利的影响要比较小一点，这主要是因为消费品侵权对消费者群体产生了效用。此外，消费品侵权的交易费用相对于资本品能比较有效的控制，因为复制活动一般不太会发生在有组织的市场上。当资本品市场受到侵权时，重要的知识资产会通过生产性活动被广泛传播，但是新的知识资产将不会被创造出来。Kai-Lung Hui 和 I. P. Png(2002)研究了经济激励对创造性活动的效应。在他们的模型中，电影制片的供给函数为 $Q_S = b_0 + b_1 P + u$，其中，P 代表电影价格；需求函数为：$Q_D = a_0 + a_1 P + a_2 VTR + a_3 TV + a_4 PDI + a_5 POP + \varepsilon$，其中，$VTR$ 和 TV 代表所有权分别归作品制作人和电视台，PDI 和 POP 代表个人可支配收入和人口。他们通过实证分析调查了大屏幕电影的国际供给问题，表明至少在电影业内创造性作品的供给是对经济激励的回应，同时关注了 1998 年的版权保护增加后对美国电影业产生的重要影响。

2.1.3 从全球化版权时期到数字版权时期

从 20 世纪 70 年代到现在的数字版权制度，主要是受到数字技术(包括通信技术、微电子技术和计算机技术)革新的冲击。版权人深感传统的版权法无法保护他们的权利，因此强烈要求修改版权法，同时各国和世界贸易组织以及欧盟都行动起来，纷纷调整各国法律以适应新技术的发展，保护版权人利益，更重要的是保持各国在技术方面的领先优势。可见，版权法尽管处于不断的修订当中，但仍然落后于技术进步的步伐，因此版权法的适应能力正在接受越来越频繁的挑战。

(1)互联网革命与网络法

出现于20世纪后期的数字技术将复制技术的发展推向最高潮。20世纪70年代和80年代,个人电脑迅速普及,到80年代末90年代初,光盘、数字录音机、多媒体技术、软件、具有播放和录制功能的数字多功能光盘、上网日益便捷、互联网、便于储存和传输高保真音频和视频文件的数字压缩格式、以软件为基础的音频和视频播放机、刻录和录音工具以及各种技术和设备日益繁荣,推动着这个世界的日益数字化。一旦由文本、声音和画面组成的作品被转换成数字化格式,数字技术使得复制能够在瞬间完成,并且达到复制件与原件相比质量并无下降,而质量下降正是传统复制设备如磁带录音机的特点或者缺陷。总之,只要与因特网相连,任何人都只需轻轻敲击键盘就可以在很短的时间内将这类作品传送到世界每一个角落,同样任何人只要与网络服务器相连,都可以将作品展示给他人供其阅读、观看、修改或者发送给其他网络用户。

与之前的模拟技术相比,数字技术的发展对作品复制的影响主要表现在以下几个方面:第一,复制成本日益低廉。在模拟时代只有拥有相应设备并具备一定经济实力的人才可能从事作品的复制行为,而到了信息网络时代几乎每一个人都具备成为作品复制者的条件。第二,复制质量日益完美。模拟复制一般都伴随着复制件质量的衰减或者退化,而数字复制却是完全的"克隆",每一个复制件都与原件在质量上毫无差异。在数字网络环境下,所谓的"原件"与"复制件"只存在时间先后的区别,而无较大质量属性的差异。第三,在数字网络环境下,由于技术上的原因,复制几乎无处不在,并导致了长期存有争议中的"暂时复制"问题。当我们浏览网页、阅读网上作品、欣赏网上音乐乃至运行某个计算机程序时,都不可避免地伴随着发生在电脑随机存储器中的复制,这意味着在数字网络环境下,阅读、欣赏和使用作品都必须以复制为要件,对复制的完全控制必然导致对人们使用作品的完全控制。第四,在数字网络环境下,复制往往与作品的传播以及发行联系在一起,对复制的控制也会牵涉对发行以及传播的控制,因此必须协调或者重组传统版权法有关复制与发行的规则。所以在20世纪90年代之后,各国都试图调整本国的版权法或是签订国际公约或是出台新的网络法规来解决数字技术带来的困境。1994年签署的《与贸易有关的知识产权协议》就已经将计算机程序和数据的汇编纳入到保护的框架之下。此后，美国克林顿政府就成立了专门的知识产权工作组，并于 1995 年推出最终报告《知识产权与国家信息基础设施》白皮书，随后在美国的推动下，世界知识产权组织于 1996 年通过了《世界知识产权组织版权条约》和《世界知识产权组织表演和录音制品条约》，即所谓因特网条约，为适应加入因特网条约的需要，美国于 1998 年 10 月出台了《数字千年版权法》(简称 DMCA)。欧盟和澳大利亚也先后推出《关于协调信息社会版权和有关权的指令》和《数字版权法议案》，以满足数字网络版权保护的需要。

(2)Napster 革命、P2P 技术与版权法的新困境

1999 年 5 月，肖恩·范宁正式成立并运作 Napster 公司，让用户在 P2P 网络上自由交换 MP3 音乐文件。然而，Napster 还未运行到 4 个月，美国唱片业协会(RIAA)所属的五家唱片公司——美国在线—时代华纳、索尼、贝塔斯曼、环球唱片和百代就联合对其提出了诉讼。该案一直持续到 2001 年 7 月 2 日，Napster 公司还是未能有效地通过技术手段阻止其在网络上流传拥有版权的音乐，因此服务器被永久关闭。不过，互联网上免费音乐交换并没有因为 Napster 的倒下而销声匿迹，后来者如 KaZaA、Gnutella、Morpheus 等公司吸取了 Napster 的教训，利用 P2P 技术再次将免费音乐发扬光大。P2P 技术是一场新媒体革命，初创期的 P2P 音乐下载始终无法解决版权问题，命中注定无法为传统唱片业所接受，但事实上在近几年中业界对 P2P 的态度正在发生变化。例如，2002 年 3 月 28 日，在荷兰音乐产权组织 Buma Stemra 状告 KaZaA 的案件中，荷兰上诉法院裁定 KaZaA 可以发售用于网上音乐和电影共享的软件程序，推翻了 2002 年 11 月对音乐行业有利的地方法院判决。2003 年 4 月，美国联邦法庭又宣判 Streatmcast Networks 和 Grokster 等与 KaZaA 类似的提供 P2P 文件交换服务的公司胜诉，驳回了音乐与电影制片商的多项指控。无论 Napster 案的结果如何都无法改变 P2P 技术和思想对版权法带来的影响以及对音像行业带来的冲击。

P2P 的重要价值就在于它能够实现分布式计算，改变互联网以网站为中心的传统模式，使得网络中的众多客户机也变成了服务器，这样众多电脑能够组合起来实现超级计算机的功能，从而完成复杂的计算任务，需要大量

数据处理的工作不一定要在昂贵的超级计算机上才能完成。正是由于P2P有着如此重要的价值，所以它的发展绝对不会由于版权问题而受到制约。同样，P2P也完全没有理由为网络盗版负责，因为它不过是一种先进的技术工具。数字作品的版权所有者和版权组织也应该抛弃对P2P的偏见，与P2P软件提供商进行合作，把利用P2P交换文件商业化，才能够真正解决P2P引发的盗版问题。如果只是一味地指责和攻击P2P，将永远也无法在互联网上保护好自己的版权。面临新困境的版权法应积极调整进行改革并去适应新兴的P2P技术，这才是唯一的解决途径。

2.2 版权制度在中国的发展

尽管中国在隋唐时期就发明了版权制度形成所必备的印刷技术，但是中国的第一部版权法《大清著作权律》却是在英美日等国的敦促下完成的，因此我们不能否认中国版权制度所具有的舶来品的性质。

2.2.1 西学东渐与版权法的产生

晚清西学东渐之风加深了西方文化在中国的传播。其中1859年来华的文人林乐知以《万国公报》为阵地，先后发表了《版权通例》、《版权之关系》等著名的文章，从版权的性质、功能、基础乃至具体制度方面比较系统地阐述了他的版权观念和版权主张[①]。他为中国的未来版权法作出了一个方向性的标示[②]。此后，随着介绍西学的书籍数量的激增，外国出版商已经不再满足于地方官员所给予的行政告示来对版权加以保护，外国列强们也希望为国际商贸提供必要的知识产权法律环境，因此他们试图依靠政府通过国与国之间的协商制定条约对版权进行保护。八国联军与清廷政府在共同抚平义和团运动之后签订的《辛丑条约》就为外国政府敦促中国清廷政府对版权进行制度性保护提供了一个机会。在美国、日本与我国商约谈判过程中，三方都对包括版权在内的知识产权问题表现出了极大的热情。而围绕着中国是否应在条约中加入版权条款以及是否应与日本签订版权同盟等问题，

① 周林，李明山.中国版权史研究文献.北京：中国方正出版社，1999。

② 李雨峰.枪口下的法律——中国版权史研究.北京：知识产权出版社，2006。

清廷大臣、国内外的文人学者、在华的传教士等不同身份不同地位的人都各抒己见，阐释各自关于版权的认识和观点，并引发了中国历史上第一次版权问题的大争论。管学大臣张百熙、著名教育界人士蔡元培都极力反对中国建立版权保护同盟；而理论家严复却提倡版权保护。

正是在这些法律思想和法律意识的影响下，民政部将著作权草案及其立法理由于1910年上奏资政院。草案经过修正决议，定为5章55条，同年《大清著作权律》颁布，次年民政部又发布《民政部为将著作权呈报注册出示晓谕》，对过渡性内容进行了规定。《大清著作权律》是参照了当时的美国、德国以及比利时等国的法律，颁布之后在国际上也引起了极大的关注，被翻译成多国文字传到国外。尽管该法在实施一年之后就被停止，但其所采用的结构编制、权利配置以及法律救济模式、版权权利的限制都对我国以后的版权法产生了重要的影响，它掀开了中国版权史的一个新篇章。

2.2.2　民国时期的版权法延续

虽然辛亥革命推翻了旧的封建王朝，但并没有建立一个新的社会秩序结构。孙中山就任临时大总统后，对法律问题也相当重视。司法部长伍廷芳在呈请大总统的函中指出，“前清政府之法规既已失效，中华民国之法律尚未颁行，而各省暂行规约，尤不一致。当此新旧递嬗之际，必有补救方法，始足以昭划一而示标准。”孙中山同意将该咨文呈请于临时参议院审议，后正式通过《新法律未颁行前适用旧有法律案》。所有前清规定之《法院编制法》、《商律》等，除与民主国体抵触之处，应行废止外，其余均暂时适用。

之后，袁世凯在忙于复辟帝制的同时，还于1915年11月7日颁布了一部《北洋政府著作权法》。该法基本上是1910年《大清著作权律》的翻版，基本上包括总纲、著作人的权利、著作权的侵害、罚则和附则五部分，将《大清著作权律》的呈报义务一章删除，并专门制定了《著作权法注册程序及规费实行细则》(1916年2月1日)。而实际上，两者都受到了日本1899年著作权法的影响，有半数以上条款完全出自日本的著作权法，并且在保护作者人格权、财产权延及作者终身加死后30年、允许著作权的继承与转让、不专门保护邻接权、对侵害著作权的行为课以刑事和民事责任、并要求注册等内容都是完全一致的。

南京国民政府建立之后，在名义上构成了一个统一全国的中央政权，也逐步建立了一个以宪法、民法、刑法、民事诉讼法、刑事诉讼法、行政法六大法律为主体的统一法律体系。在1928年，南京政府制定了著作权法，该法基本上延续了《北洋政府著作权法》的立法内容，遵循了德国、日本等大陆法系国家的立法模式。规定了经在内务部注册后中国公民的书籍、乐谱、图画、照片、其他文艺作品等可享有著作权，著作权的内容包括财产权利与精神权利两个方面的内容，对前者的保护期限为作者有生之年加上死后30年，同时规定财产权利可以转让、继承，但必须注册。对外国人的作品，在《著作权法实行细则》中给予了保护。尽管有了明确的法律规定，但是由于连年征战，版权法受到现实因素和当时的法律意识所限并没有发挥很好的作用。1949年秋国民党退居台湾，不仅没有完善版权法保护的框架，反而由于加大思想控制的政治目的，加强了对文字作品出版的审查，提高了版权保护的门槛。之后，台湾一直沿用1928年著作权法及其修订本至1985年该法作出重大修正。1985年7月10日修订的著作权法共5章，52条，修正的主要内容有：扩大著作物的保护范围；补充著作权的内容；改变著作权取得手续；延长著作权保护期；增列不得为著作权客体的条款；修正民事处罚和刑事处罚条款。台湾地区现行的著作权法修改于1992年，共分8章117条，该法打破以往几个版本的格局而向国际保护水平靠拢。在起草过程中，参考了国际著作权公约及一些西方国家的著作权法，甚至借鉴了中国大陆相关制度的某些内容。现行规定有以下几个特点：一是对著作权主体作出严格界定；二是改进著作权客体的体例；三是明确划分著作权的人格与财产内容；四是进一步修改著作权取得条款；五是着重规定权利侵害的救济方式及程序[①]。

2.2.3　新中国建立时期的版权政策

新中国成立后，为了解决作者的报酬问题和鼓励知识分子进行创作，在借鉴苏联模式的基础上出台了一些关于报酬问题的解决方案。1950年在文化部主持下召开的第一届全国出版会议通过了《关于改进和发展出版工

---

① 整理自吴汉东. 中国区域著作权制度比较研究. 中国民商法律网，2006-05-09。

作的决议》，其中规定："出版业应尊重著作权及出版权，不得进行翻版、抄袭、篡改等行为。"会议的核心是稿酬的支付问题，"在尊重著作家、读者及出版家三方面利益的原则下与著作家协商决定。为尊重著作家的权益，原则上不采取卖绝著作权的办法。"尽管当时并没有形成成文的著作权法，作者的权利也仅仅只提到稿酬的问题，但是此决议仍然成了新中国解决版权问题的重要依据。

1955 年之后，随着农村集体化的初步完成和工业化的日益推进，知识分子的地位逐渐提高。"新的环境和新的形势要求知识分子，特别是有学术地位的高级知识分子为社会主义建设作出更多的贡献。"[①]1956 年毛泽东同志提出了"百花齐放，百家争鸣"的口号，自由宽松的学术氛围开始出现。有部分知识分子开始提出要对中国进行制度改革，要求按照法定程序办事，并建议制定出版物著作权法。在这种呼声之下，文化部出台了包括 11 个条款的《保障出版物著作权暂行规定（草案）》。该规定主要参照的是苏联《著作权基本条例》和其他一些社会主义国家的著作权法的精神。此法案虽然由于之后的一些政治运动而并未付诸实施，但它第一次以著作权的形式出现，第一次确立了作者权利的原则，并且该法案对合作作品、著作权的转让以及对侵权的救济等各项规定都体现出一定的科学性。在后期政治运动占据整个社会主流的时候，文化部于 1958 年 7 月颁布了《关于文学和社会科学书籍稿酬的暂行规定草案》，将全国各地出版社稿酬进行了统一。

2.2.4 改革开放时期的版权法制定与修改

十一届三中全会后，国家的重心又重新调整到经济建设的轨道上来，要弥补文革带来的损失，科学技术和其他智力成果是关键的因素。因此一系列提高知识分子地位和激励创新的措施纷纷出台。在重建法律制度方面，知识产权法的建设成为核心内容。1977 年 10 月，国家出版局颁布文学艺术领域的《关于试行新闻出版稿酬及补贴办法的通知》；1980 年，文化部颁布了《关于书籍稿酬的暂行规定》，其目的在于实行社会主义按劳分配的原则和保障著译者的正当权利，鼓励著译和提高著译的水平。在国际范围内，

---

① 光明日报．1955-12-03。

中美两国于1979年分别在华盛顿和北京签订了《中美高能物理协定》和《中美贸易协定》。在两个协定的第6款，美方都执意要求加入一个包括版权在内的知识产权条款。虽然中方以中国没有版权法作为外交辞令，但是版权保护的原则仍然被写入了协定。在这种情势之下，1979年4月，一份关于起草版权法并逐步加入国际版权公约的报告被呈给当时主管宣传工作的胡耀邦同志手上，并得到批复："同意报告。请你们赶快动手，组织班子，草拟版权法。"这份报告被认为是中国当代版权法立法的开端。[①]

除了1980年的稿酬规定外，1982年广播电视部发布了《录音录像制品管理暂行规定》，同年文化部出版局对1980年的《关于书籍稿酬的暂行规定》进行重大修改，颁布了《书籍稿酬试行规定》、《图书、期刊保护试行条例实施细则》、《美术出版物稿酬试行条例》。这些条例和法规都为之后出台的版权法奠定了基础。1990年9月通过的这部版权法一共产生了二十多个草案，被认为是共和国历史上最复杂的法律。在制定过程中，产生了很大的争议：部分意见支持中国的著作权法应该符合国际标准，至少应符合国际规则的最低要求，因为从长期的角度看这对中国文艺市场和部分技术市场的繁荣将是一种推动力；而部分反对者则认为社会主义的法律必须为社会主义的经济基础和上层建筑服务，主张对那些能为中国人所用的外国人作品不予保护或是给予较低水平的保护；也有部分意见认为我国应该建立社会主义阶段的版权法，并与改革开放的步骤相适应。最终产生的版权法自然成了一种矛盾的混合体，具体来看：没有对保护的客体、版权中的经济内容进行详细规定；没有明确说明版权中的经济权利是否可转让；对著作权的限制过于严厉；没有规定著作权的集体管理制度；在救济方面没有刑事救济，在民事方面受害人举证责任难以行使等。尽管存在诸多的不足，我国的第一部版权法仍然对中国的文化事业起到了积极的作用，总体上构建了一个现代化版权法的基本框架，"这部法律的实施，对保护著作权人的合法权益，激发知识界的创造精神，促进经济、科技的发展和文化、艺术的繁荣，都发挥了积极的作用。随着这部法律的实施，我国版权法的行政管理、司法审判、

① 周林.中国版权史研究的几条线索.周林，李明山编.中国版权史研究文献.北京：中国方正出版社，1999。

理论研究、队伍建设、对外交流与合作都得到了加强，并取得了重要进展，知识界和相关社会领域的版权保护意识也有了提高”[①]。

在版权法颁布后的近十年里，盗版现象大量的存在。尤其是美国，认为中国是最大的盗版市场，他们的贸易利益由于盗版没能得到有效的保护，于是要求中国按其意愿修改知识产权法，并达成了多个知识产权保护协议。同时，我国在发展市场经济的过程中民主和法制意识日益加强，个体权利得到体现，加上数字技术的发展因素，最终导致著作权法的修正案在2001年7月通过。这次的修正既反映了国际上的新趋势，缩短了与国际公约的差距，又考虑了我国处于社会主义初级阶段的具体国情，提出了一些急需解决的新问题和实际问题。当然，法律的不完备性决定了我国版权法的发展和完善工作仍然是任重而道远的。

① 宋木文.关于我国著作权法的修改.著作权，2001(6)。

3 版权制度经济学研究:文献回顾

从经济学家开始进入版权问题的研究以来,有关版权的经济学分析引起了越来越多的经济学家的重视,版权的法律经济学研究也因此成为法律经济学的一个重要分支。因此本章通过评述各种关于版权经济学的理论,梳理出该领域发展的脉络,并指出版权经济学研究可能的发展趋势。

有关版权问题的经济学研究可以分为以下几个方面:一是关于版权制度本身的相关研究,讨论设立版权制度的经济学意义和经济效应;二是关于版权实施的研究,其中包括版权作品的复制和侵权问题;三是关于版权管理的研究,其中包括个人或代理人行使管理的版税制度研究和信托人行使管理的集体管理制度研究。

3.1 版权制度的经济学理论

关于版权制度或是版权法本身的相关经济学研究,主要集中在讨论设立版权制度的经济学意义和经济效应问题上。首先是版权制度经济学研究的溯源,之后是最优版权法研究以及版权法中的合理使用原则研究。

3.1.1 版权制度经济学研究溯源

经济学家进入版权问题研究领域最初是源于对知识产品和信息产品的经济学分析。经济学家们大多认为人类依靠脑力的智慧活动创造了智力成果或知识产品,法律就应当赋予其独占此物的权利和排他的权利,并且知识产权制度对鼓励发明具有明显的意义。当然也有经济学家持不同意见,认为版权制度与思想的创新没有必然的联系,甚至另有经济学家认为该制度实质上是有害的。

(1)从“得而不失”到“不得不失”

一批古典学者包括斯密(Adam Smith)、边沁(J. Bentham)、萨伊(J. B. Say)、穆勒(J. S. Mill)、克拉克(J. B. Clark)等都肯定产权制度可以鼓励发明，因此对整个社会来说是“得而不失”的。但陶西格(F. W. Taussig)与庇古(A. C. Pigou)则持不同观点，认为独占权利的授予是多余的，发明家是另外一种人，天生就喜欢发明研究，有没有金钱的奖赏没有多大分别，因此对社会来说是“不得不失”。在此部分的论述中，经济学家们较多使用的是“产权”、“排他权”和“独占权”等概念，较少地提及了“知识产权”、“专利”和“版权”等概念。

亚当·斯密就认为某一书商在若干年内的单独(并阻止他人)贩卖一种书的权利为专业权，是一种民法上的，有的是自然法上的权利[①]。在他的经济学开山之作《国富论》中也有一些对知识产权制度的论述，认为这种暂时的垄断权是必要的也是正当的，并且“这种暂时的垄断权可以根据同样的原则得到辩护，新机器的垄断权被授予给它的发明者，新书的垄断权被授予给它的作者”。在斯密其他的著作中对版权制度的论述就更为丰富，尤其在《法理学演讲录》中，他认为“产权被认为是一种排他的权利，我们可以阻止其他人以各种形式使用我们所拥有的……我们发现不仅产权而且包括其他排他权都是真实权利，产权人对他所写的书或发明的机器拥有的权利，可以用专利维持 14 年，是实际的真实权利。那时他可以主张权利，或是向复制他的书或是机器的人要求赔偿，这样他才拥有一个真实的权利”。尽管斯密没有将版权与其他形式的排他权区分开来，但他的研究可以看做是版权经济学的初步发展，并且将版权研究的经济理性与自然权利理性进行了区别。

杰里米·边沁(1843)曾指出，“要做到一分耕耘，一分收获，专有特权是绝对必需的”；因为发明者“无望得到收获，就不会费力耕种”。将这一观点与边沁认为的专利制度“不花费任何代价”的观点相结合，产生了早期的论点：建立思想产权制度使社会得而不失。[②] 他较少关注为何版权和专利创造的垄断是无害的，在他看来“至于艺术中的许多发明，一个排他的优先权是绝对必需的。为了所播种的能够得到收获……排他优先权能给予最优比例的回报，最合理并且最少负担。它产生一个无限效应而又无任何成本”。萨伊(1834)也支持边沁的论点，他指出专利和版权这种特权不造成任何妨

---

① 坎南. 陈副生，陈振骅译. 亚当·斯密关于法律、警察岁入及军备的演讲. 北京：商务印书馆 1962：34。

② 转引自张五常. 经济解释. 北京：商务印书馆，2000。

碍，"这种特权没有人能够合理地加以反对，因为它们既没有干涉也没有束缚以前经营的任何工业部门。而且，由此引起的费用完全是自愿的；那些愿意承担这种费用的人并没有必要放弃任何以前需要的满足。"[①]穆勒(1862)也断言，专利只增加微不足道的成本，"专利特许并没有因为它而使商品更贵，只是在某种程度上延缓了商品降价的过程(公众将商品降价归功于发明者)，以补偿和回报他的服务。他既应该得到补偿，也应该得到回报，这一点是不可否认的。"[②]"得而不失"论发展到了克拉克这里，已经几成铁律："如果专利物是社会在没有专利制度时就完全得不到的东西——那么，发明者的垄断就不会损害任何人……他的收益在于，即使他享有这些收益，任何人也不会遭受损失。"克拉克(1907)断言，版权垄断是一种很特殊的垄断权利，因为它是无害的，"这种垄断不同于其他的权利，主要在于：允许获得排他控制的人，他所控制的东西经常不存在。如果它不存在，——如果专利品没有受到专利制度的保护，——专利者的垄断不会损害到任何人。这仿佛是一种魔法，它能导致沙漠里流出喷泉或是贫瘠的山脉覆盖上沃土或是从海底产生出来的富饶岛屿。他的获得不包括任何人的损失，甚至当他享受它们的同时，在他的专利的到期时候，专利可以自由传播到整个社会。"[③]

到了20世纪，创立福利经济学的庇古发展了公共物品现代分析的基本概念，并将这些概念用于知识产权问题的分析，同时陶西格(1930)也证明了专利制度是不得不失的。虽然陶西格对发明和创新给予了很高的社会评价，但他把发明看成是来自哲学家的"发明直觉"，"有一件事情特别清楚：发明者们天生具有不可抗拒的动力，从小就开始计划和试验，并且殚精竭虑。重要的并不在于是否赚取了金钱或是否长期忍受贫困"。由此他得出结论"专利制度……是一个巨大的错误"。庇古(1960)从社会成本的角度作出讨论，"我们可以举出大量的例子说明边际交易净产品少于边际社会净产品，因为偶然地向第三方提供服务在技术上很难取得报酬。……最重要的例子是资源和活动都用于科学研究的最根本问题，高度实用性的发现常常出人意料地从中产生，这些资源和活动也用于完善工业过程中的发明与改进。

① 萨伊.政治经济学概论.北京：商务印书馆，1963：182。

② 穆勒.政治经济学原理(第2卷).1864：548。

③ 克拉克.经济理论纲要.1907：360～361。

这些发明与改进经常具有这样的性质：它们既不能申请专利，也不能保守秘密，因此，它们最初带给发明者的整个额外报酬很快以降价的形式转移给一般公众。专利法实际上旨在使边际交易净产品与边际社会净产品更密切地联系起来。通过给一定类型的发明提供报酬预期，专利法并没有明显地刺激发明活动，这些发明活动在很大程度上是自发的，但它们确实可以把发明活动引入一般有益的渠道。”[①]

(2)从普兰特到德姆塞兹

之后的研究越来越接近现今流行的观点，认为版权制度(或是知识产权制度)既不是“得而不失”也不是“不得不失”，应该是“有得有失”——即只有花费一定的成本和代价才能达到一定的目的和获得一定的收益。因此就相应的存在着一个所谓的“激励—接入”(incentive-access)的困境。普兰特[②](A. Plant，1934)、萨缪尔森(P. A. Samuelson，1954)与阿罗(K. Arrow，1962)就从主流经济学的角度探讨过此种两难困境；而德姆塞兹(Demsetz，1969)则从比较制度框架下分析该问题。

真正将经济学方法运用于版权问题研究的是普兰特。他于1934年发表的论文[③]标志着传统的版权经济分析开始向现代的版权经济分析发生转变。其研究重点是在人为形成垄断的前提下，比较竞争体系中消费者社会收益和版权持有人的福利损失。他断言在缺乏保护的条件下作者没有足够的回报来支持创作努力。普兰特通过研究建立法律来正式认可和保护版权的争论进而从一个没有版权制度法律存在的假定开始讨论版权。该文主要围绕着效率的两难困境，在相关知识产权市场上创造垄断(价格较高和创新的社会传播较低)，与允许一个竞争体系(价格较低和创新的社会传播较高)，但以损失版权持有人的社会福利为代价。普兰特所考虑的关键问题是，一个没有版权法的体系是否会允许创造者获得足够收益来激励他们将时间贡献于创造性活动。由于普兰特的文章早于复印技术、数字影印技术和家用电脑的发明，因此他只考虑了书的复印，这是在当时可行的有盈利的

---

① 转引自张五常．经济解释．北京：商务印书馆，2000。

② 此人为罗纳德·科斯的老师。

③ Plant Arnold. The economic aspects of copyright in books. *Economica*, 1934, vol 1, pp. 167～195.

唯一的一种知识产权侵权活动。然而普兰特所展现给我们的问题在当前仍然具有一般性，可以应用于现代的各种知识产权传播形式。此外他还区分了两类作者：第一类作者，写作是他们的职业，他们出于经济目的而创作；第二类作者包括一些诗人和学术作者，他们愿意为他们出版物的最广泛传播而付费。尽管第二类作者的作品间接的可以获得半数但重要的区别在于他们的收入不是依赖于作品的版税收入。自然版税法的缺乏不会影响第二类作者的创作，他们被排除在普兰特的分析之外。普兰特还论述了垄断权的存在是否导致了对作者和出版商的过度激励，“很清楚，他们——作者和出版商——会从限制所有的翻本复制所导致的复本数量下降中获利……当然不用说，这个无争的事实不是为何一般公众应该给予他们一定程度垄断权的足够理由……职业作家依赖于版权垄断的说法是得到证实的。”最后，普兰特还直接研究过与版权相关的资源配置问题，“没有版权，出版商无疑不会发行所有受版权许可的书，那会减少竞争收益。版权垄断的收益越高，出版商出版可能畅销的书的意愿越大……当然，垄断是一种保证稀缺资源向特殊使用转移的普通机制……其他热衷的提倡者没有注意到这些配置在其他用途上的资源的可能产出。”

普兰特的另一篇1934年的文章①表明，不论有没有专利制度，在自由市场上，价格刺激都会像在其他（有形）产品的生产中一样，导致思想/发明生产中最有效率的经济结果。他认为，价格变动和经营状况（反映消费者的偏好）足够刺激发明，故专利法会给创新思想的发明者造成了人为的垄断报酬。因而，他认为专利法的净结果是通过造成垄断而减少了社会的经济福利。并且进一步证明，专利特许暗含的垄断报酬将会诱致无效率的发明，会将稀缺的经济资源转移到按武断的规定“可申请专利的”发明的生产。他还指出，“公开竞争下的抽彩给奖的方法可能很好；但专利制度下的抽彩给奖方法只给予了一笔奖金，垄断使那些贡献了大部分价值的人却没有资格享受这笔奖金。”这成了“发明潮”论或“浪费性重复发明”论的源泉。普兰特垄断报酬论的核心在于他将专利财产权同其他资源的财产权区别开来了：“专

---

① Plant Arnold. The Economic Theory Concerning Patents for Invention. *Economica*, 1934, vol 1, pp. 40～41.

利财产权（和版权）的特殊性就在于，它们并不是产生于私有物的物品的稀缺性。它们并不是稀缺的结果。它们是成文法刻意创造的产物；一般来说，私有财产制度有利于稀缺物品的保护，往往……使我们'物尽其用'，而专利财产权和版权却创造了在其他情况下并不能维持下去的私占物品的稀缺性。"他反对专利制度的另一个理由在于，特许往往会阻碍随后的发展，因为它会抑制在原有专利基础上所作的改进。

在普兰特之后，信息经济学和私人提供公共物品的次优分析使得版权经济学得到了充分的发展。阿罗和萨缪尔森面对产权和发明方面无数不能回答的问题，对专利制度感到失望，进而提出了政府直接投资于发明更接近"最优"解。其中，阿罗就声称，无论有没有专利制度，发明的投资不足都是不可避免的，这个问题最好是通过扩大对创新活动的投资来缓解。阿罗(1962)指出发明活动无法达到"最优"的三个主要原因是：不确定性（uncertainty)、不可得性（inappropriability)、不可分性（indivisibility)。关于不确定性，阿罗认为市场失灵主要源于发明者的非中性风险偏好，并将风险规避列为发明投资不足的主要原因。虽然保险和金融资产可以承担一定的风险，但这些工具具有一定的局限性。不可得性和不可分性来源于同一个问题，即报酬的获得性。发明提出了即使在知识产权制度保护下由于存在交易成本而如何获得报酬的问题。因此，会导致发明投资不足的问题，这也为政府投资研究提供了根据。尤其是不可分性，对知识产权制度的福利分析特别重要。当资源是不可分的，则增加数量的边际成本为零，因此最优资源配置要求按照价格等于零的原则进行分配，但如果价格等于零，那么固定成本就不能被弥补，这就导致了在信息商品市场上的基本经济困境，"在一个理想的社会经济中，发明的回报应该完全与对信息使用者的收费分开。在一个自由企业经济中，发明活动的支持来源于使用发明去创造产权；但这只在一定程度上是成功的，因为存在信息的利用不足"。

德姆塞兹(1969)认为要评价信息市场的效率应该在一个比较制度的框架下来直接考察信息生产可行选择的相关效率。[①] 用这种方法研究市场不

① Demsetz. Information and Efficiency: Another Viewpoint. *Journal of Law and Economics*, 1969,12.

可避免的不完整性，比“次优问题”的分析更具有一般性。德姆塞兹的比较制度方法分析了信息市场的效率，把他引导到了一条自然权利理性的相同保护形式上：创造性活动的完整的产权。他把信息中的产权当作信息生产资源配置的特殊制度，特别是通过创设法律排他权机制达到私人提供公共物品。[①] 这为自然权利学说中的产权形式的经济分析提供了基础。“考虑版权和专利问题。如果新思想是大家可以自由获得的，如果存在对新思想的共同权利，发展新思想的激励就会缺乏。这些思想得到收益不会集中到他们的原创者手中。但私有权利的存在并不意味着他们对其他人的产权影响会直接被考虑。一个新思想会使旧的过时，另一个旧的更有价值。这些效应不会直接被考虑，但它们可以通过市场协商引起新思想创作者的注意。”[②]

此后，许多经济学家沿着普兰特和德姆塞兹的思想，建立了各种模型来研究版权制度，成功地将经济学的实证及规范的分析方法运用在版权理论的研究上，成了版权理论的一个重要分支同时也成了法律经济学的重要组成部分。

3.1.2 版权法的经济学分析

一般认为，版权法有两个目标：一是在激励创造和原创性的社会收益之间建立正确的平衡；二是保护作者的人身权利。经济学家运用经济理论分析版权法主要是以第一个目标作为准则的。版权法的经济理论分析主要是从两个不同的角度展开的：一个角度是事后的(ex post facto)，研究的主题是当作品被创作出来以后，如果作品被无限制的复制那么会对社会福利产生何种影响；另一个角度是事前的(ex ante)，是从创作者的利益出发，当不存在未来的版权保护，那么此创作者可能没有足够的激励去创作新的作品，特别是在当新创作的成本相当高，而相对应的复制成本又较低的情况下。基于以上分类，版权法的经济分析主要包括以下几个方面：版权法的福利效

---

① Demsetz. The Private Production of Public Goods. *Journal of Law and Economics*, 1970(13):293.

② Demsetz. Toward a Theory of Property Right. *American Economic Review*, 1967(57):348.

应分析和最优版权法研究。

(1)版权法的福利效应分析

Hurt 和 Schuchman(1966)认为版权保护应当根据经济福利效应来决定。认为版权提高了总的社会福利的传统思想只能在理论上成立。在考察版权保护是否有利时,应更多的调查版权保护的客体,而不是一概的给予自以为公正的道德保护。他们将版权法问题研究分为两类:一类是关注创造者权利的;另一类是关注社会福利的。也有不少争议观点认为第一类是关注道德和伦理问题。相应的有两个争议值得注意:第一,创新者产权可以被看做是一条有效配置稀缺资源的途径;第二,版权法可以看做是对作者作品创作的补偿形式。经济学家比较倾向于研究第二类社会福利问题。传统的观点认为,在不存在版权法的情况下,社会上生产的作品数量是次优的。为了研究这个问题,他们将版权受益人分为作者和出版商,分别以不同方式从版权法中获利。版权法之前的时期中就有大量的信息产品被生产出来,这表明存在其他的生产激励而不仅仅是垄断利润。然而,他们也提到某些高创作成本的文献作品,如百科全书和电影,如果创作者感到无法弥补成本,就不会进行生产。对于出版商的分析较为简单,因为出版商就是为了盈利。但是,即使是出版商他们在没有版权法保护的情况下,也会想其他方法盈利的。最后,他们认为版权法的效应取决于何种类型的商品会在版权保护下被生产出来。很显然,在不存在版权法的时候,只有预期会盈利的商品被生产出来,而现在版权保护的实施扭曲了这些商品的垄断定价。在版权法下,某些商品即使不盈利也会被生产出来,由于保护所导致的错误的回报预期。显然这样的结果要成为合理的,只有建立在文学作品被认为比其他商品都要优越的前提上。因此,在他们看来,版权保护的福利效应是无法确定的。Breyer①(1970)发表于《哈佛法律评论》上关于版权的文章,是基于一定的时代背景的。当时,美国国会正在考虑对 1909 年《版权法》首次作出重大修订,而他检验了图书版权在道德和经济上的合理性,并进一步考察了有关延长保护期限和扩大有关照相复印和电脑程序版权保护范围的提议,但他的

① 他发表此论文时,年仅 32 岁,当时为哈佛大学法学院助理教授,但就是这篇论文,不仅使他在此后获得哈佛法学院的终身教职,并且在 23 年后,成为美国最高法院的第 108 位大法官。

结论是，版权不应废除，但其扩张并无必要，甚至是有害的。他认为版权保护的下降会对书籍出版业的不同部分产生不同影响。例如对大学教材行业几乎没有影响，因为该行业的较高利润，以及会导致作者更多的从事有价值的教学和科研活动。此外，如果导致了大学教材的缺乏，大学往往会出台政策促使和鼓励教授们生产合适的教材。但是，中小学的教材市场就会出现问题，因为其利润较低且作者们对写作报酬比较敏感。此外，也没有一个强有力的组织会对中小学教材的缺乏提供激励。普及类的书籍市场，如小说市场，可能受到一定影响。Breyer 估计此影响较小。O'Hare(1985)则认为许多商品和服务被认为在垄断和寡头垄断的情况下是最有效率的。例如，版权被认为是对作者、艺术家和公众最有价值的东西，是知识和艺术创造的有效市场上的重要因素。然而，事实证明这种思想并不完全正确。版权对作者是有价值的，而对社会来说，只有当一定的经济和技术条件达到的时候，比如辅助市场的形成，高的复制的固定成本和复制品市场的建立，才是有效的。

Novos 和 Waldman(1984)在有关严格的版权法的研究中分析了"部分非排他"(partially non-excludable)商品市场，特别强调了通过建立法律制度保护版权。这些商品一旦被一个人得到，或是一小部分人得到，其他个人也能以一定成本获取或是得到相关产品。他们认为当存在复制技术的时候，智力产品就是典型的部分非排他性产品。对部分非排他商品的版权保护，会对社会福利产生两个相反的效应：一是由于生产不足(underproduction)使社会福利的损失随着版权保护的增加而减少；二是由于利用不足(underutilization)使社会福利的损失随着版权保护的增加而增加。生产不足是因为只有一小部分市场购买；利用不足是因为厂商是垄断厂商，价格高于边际成本，复制者生产的成本高于厂商。由于以上两个效应的存在，导致了此类商品市场不是社会最优的。在此框架之下，他们建立了一个垄断厂商生产不可分商品的模型。总成本函数假定是随着质量和数量变化的，$TC(x,Q) = F(Q) + cx$。$F(Q)$ 代表生产的固定成本，cx 代表生产的可变成本。消费者既可以从垄断厂商这里购买商品，也可以以一个较高的成本得到复本，而这个复制成本等于厂商的边际成本加上另一个依赖于版权保护程度和个人因素的变量，即 $c+z_i(1+H)$。H 代表的是版权保护的程度，$z_i(1+$

H）表示的是第 i 个消费者在复制过程中产生的成本，主要是花在复制上的时间成本。利润函数为 $\Pi_i = vQ_i - e_i$，此式代表所有的消费者对质量评价都相同，e_i 代表的是个人获得商品的成本。同时假定社会福利函数就是所有社会上的个体的利润的加总。因此可以得出社会福利最大化条件下的最优的质量为 Q^*，$Q^* = \arg\max_Q \int_0^z (vQ - c)g(z_i)\mathrm{d}z_i - F(Q)$，其中 $g(\cdot)$ 代表个人分布的密度函数。通过对命题：$Q^M(H) < Q^*$（对任意的 H）的证明，$Q^M(H)$ 代表的是垄断厂商生产商品 M 的质量，表明了由于生产不足导致的福利损失。通过对命题：假定存在版权保护程度 H_1 和 H_2，且 $H_2 > H_1$，必定存在 $W(H_3) < W(H_1)$，对于每一个 $H_3 \geqslant H_2$ 都成立，其中 $W(H)$ 代表的是利用不足导致的社会福利损失。

（2）最优版权法研究

最优版权法问题的研究最初源于兰德斯和波斯纳 1989 年的论文，探讨了版权保护水平的问题。在他们之后有许多学者继续和发展了相关的研究，如 Koboldt（1995）、Kiho Yoon（2001）从不同的理论角度创设变量构建模型同样解决了版权保护的最优程度问题；而 Danny Ben-Shahar 和 Assaf Jacob（2001）则说明了最优版权实施的问题。

①兰德斯和波斯纳的最优版权法

Landes 和 Posner（1989）的论文以及他们在 2003 年的著作中都考察了关于版权法的一系列问题，例如：版权保护的原创性要求，思想与表达的区分，演绎作品的保护，合理使用问题。他们在论文中重点讨论的是版权保护对创作新作品的成本影响。其论文通过对所建立模型的研究，解释了为何版权的法律保护不能被消除。

他们在模型中明确地作了以下假定：①创作者与复制者所生产的受到质量调整（quality-adjusted）复本是完全替代的。②知识产权生产成本分为两种，每一种以不同的方式影响版权保护。第一种成本直接关系到载体的生产、分配和销售，即边际成本 c；第二种是创造知识产权本身的成本，称之为表达成本 e。③作者在模型中进一步假定需求是既定的，以 p 表示复本的价格，那么 $q(p)$ 表示对某一特定作品复本的市场需求。x 和 y 分别表示创作者和复制者的生产数量，$q=x+y$。④用 z 表示版权保护水平，等于 0

意味着无版权保护，等于1表示完全的保护，即未经许可不得复制。

复制者的供给曲线为：$y = y(p,z)$，$y_p > 0$，$y_z < 0$

作者利润为：$\Pi = (p-c)x - e(z)$，用总数量减去复制者的复本数量来替换 x，可以得到 $\Pi = (p-c)[q(p) - y(p,z)] - e(z)$，$e(z)$ 为作者的表达成本，版权保护越大，则该成本越高。

假设作者的毛利润(用 R 表示)，等于其出售复本的收入减去复本的制作成本，即 $(p-c)x$，R 是随着 z 的提高而提高的。此外，设 N 等于被创作完成的作品的总数量。由于假定作者之间的表达成本 $e(z)$ 是不同的，因此当有新作者进入时，N 将不断增加，直至边际的表达成本等于 R，因此作品的供给等于：$N = N(R,z)$。可见，版权保护 z 的增加对 N 产生的净效应，取决于两个效应之间的平衡。因为 z 的增加既导致了作品供给曲线向右移动，创作的增加使得作者收入也随之增加；但同时，作者表达成本的增加又使得供给曲线向上移动。这两种效应的均衡状态对应的是最优的版权保护程度。某种程度的版权保护是必须的，因为它可以产生有关承担成本创作出易于复制产品的激励。但过多的保护则可能提高创作成本。关键问题在于究竟要保护到何种水平，模型中得到的仅是一个单一指数，而它本身应当从多个方面加以确定，包括不保护跟表达相对的思想、把演绎使用的权利给予版权人、允许符合合理使用标准的未经授权的复制行为。最后 Landes 和 Posner 将总的社会福利函数定义为 $W = W[N, w, E(N,z)]$，其中，W 是 N 和 w 的一个递增函数，N 是被创作出来的作品数量，w 是每个作品在减去其创作成本之前的消费者剩余和生产者剩余，W 也是 E 的一个减函数，E 是创作这些作品的总成本(包括版权制度的管理成本和执行成本)。并从社会福利最大化的角度提出关于最优版权法的结论是：① 当版权保护程度的任何增加都不能带来创作作品的增加时，版权保护的最优程度就达到了，由此可知设置低的保护程度会扩大创作作品的数量；② 版权保护的最优程度能够激励具有较高社会价值的创作作品的产出；③ 随着复制技术的不断提高，版权的最优保护程度也会增加；④ 版权管理和实施的费用越低，作者对金钱上的激励就越敏感，而最优版权保护程度就越高；⑤ 演绎作品应包含在原创作品的版权中；⑥“合理使用”原则合法地节约了交易费用(或表达成本)。

② 版权保护的最优程度

Koboldt(1995)建立了一个模型，说明法律工具不一定是最有效的版权保护手段。Koboldt 将边际复制成本分为两个部分：一是再生产一个新的载体的成本，这一成本假定与原版生产者的成本相等；二是将原版的知识产权与载体相分离时的成本，这种成本依赖于可用的复制技术。技术的进步可减少第二种成本，但其他人工保护手段如版权法可以替代这种成本。模型的目的是分析版权保护的最优程度。原版与复制品假定是非完全替代，这就导致了消费者不太愿意购买复制品而宁可买原版，尽管这两者有一定相关，但它们在不同市场上交易。Koboldt 的模型与 Landes 和 Posner(1989)相同的是，将创作作者与原版生产者捆在一起，没有考虑最优版税问题。鉴于此，即使模型考虑不同作品的存在，原版作者仍拥有垄断权。由于进入复制市场是不受限制的，复制品是在完全竞争下出售。这就意味着复本的市场价格等于边际生产成本 $c+k$，c 是严格关于生产一单位载体的边际成本，k 是将知识产权与原版载体相分离只有复制者才面对的成本。版权保护的目的在于提高复制技术决定的程度以上的复制成本。版权保护给原创作者带来的收益的正效应可以通过 k 来表示。可见，复制成本不仅取决于可行的复制技术，还取决于制度环境。因此 Koboldt 假定版权保护程度的变化可以归结为 k 的变化。为了分析的简化，他将版权保护的程度用变量 P 来表示，P 所涵盖的内容包括：版权保护的期限，受版权保护的对象的定义(笔者认为，即版权的保护范围)，版权保护的例外情况，版权侵权被检举和受惩罚的可能性，侵犯版权的制裁的严厉程度，不包括在版权侵权范围内的原版和复本的相似程度。P 越高，复制成本越高，复本的边际生产成本越高。无版权保护的时候，$P=0$。出于简化目的，他假定 P 和 k 是线性的关系，$k=k(P)\equiv\kappa+P\Rightarrow \mathrm{d}k/\mathrm{d}P=1$，其中，$\kappa$ 代表的是技术上生产复本的最低成本，如不接受任何版权保护时的复制者的边际成本。Koboldt 强调最优的版权保护使用了法律的干预，因此就社会福利而言，只能达到次优的结果。要想达到社会福利的最大化，只能在一个没有任何限制和不完整的情况下才会实现。他的模型的主要结论包括：第一，存在一个特定的保护程度，定义为 $\bar{k}$。如果 $k>\bar{k}$，那么复制在任何情况下都是能获利的，原版厂商能够无限制的变化垄断价格；第二，存在另一个特定的保护程度，定义为 $\underline{k}$。如果 k

$<\underline{k}$，那么原版厂商排除复制厂商的成本比较高。第三，当 $\underline{k}\leqslant k\leqslant\bar{k}$ 时，原版厂商的生产策略是排斥复制厂商，但不能通过垄断价格的手段进行。鉴于以上假定，他得出，最优的版权保护应该是：① 版权保护必须将复制成本增加到一个程度，在这个程度上原版生产商有激励去阻止复制者的进入，也即最优版权保护设在 k，且 $k>\bar{k}$，这是最低保护；② 版权保护程度不能导致原版生产商的自然垄断，因此最优版权保护设在 k，且 $k<\underline{k}$。

Kiho Yoon(2001)研究了单个厂商和整个社会的版权保护的最优程度。他认为，对单个厂商来说，最优程度是：①不保护；②厂商除去开发成本后的所有净利润为零时的保护程度；③完全保护。但是，对社会来说，最优程度的实现依赖于厂商开发成本的分配。这一研究表明，版权保护的增加会对社会福利产生双重影响：一是由于利用不足会带来社会福利损失的增加或减少；二是因生产不足带来社会福利损失。模型假定：①生产者的总成本 $C(q)=D+Cq$，D 表示研发的固定成本，C 表示边际成本；②I 表示一组消费者，消费者的评价（或最大支付意愿）为 v_i，$i\in I$；则消费者支付价格 p，所以净效用为 v_i-p；③Z_i 表示复制性再生产的成本；④ 参数 y 代表版权保护程度，我们假定消费者的复制成本随 y 的增加而增加，即 $\partial Z_i/\partial y>0$，$i\in I$；⑤ 复制品对原版不是完全替代。我们假定消费者消费复制品的总效用为 $(1-\alpha)v_i$，$(0<\alpha<1)$。则消费者的净效用为 $(1-\alpha)v_i-Z_i$。我们让 $w_i=\alpha v_i+Z_i$，那么净效用为 v_i-w_i，w_i 就定义为净复制成本。

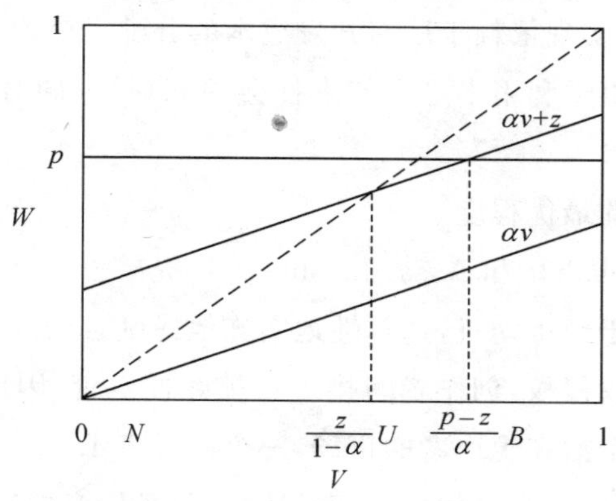

图 3-1　消费者选择图

图 3-1 表示消费者的选择，由此得出消费者需求函数：

$$D(p)=\begin{cases}1-\dfrac{p-z}{\alpha},\text{当 } p\geqslant \dfrac{z}{1-\alpha}\\[2ex] 1-p,\text{当 } p<\dfrac{z}{1-\alpha}\end{cases}$$

生产者的边际收益函数：

$$MR(q)=\begin{cases}\alpha+z-2\alpha q,\text{当 } q\leqslant 1-\dfrac{z}{1-\alpha}\\[2ex] 1-2q,\text{当 } q>1-\dfrac{z}{1-\alpha}\end{cases}$$

消费者剩余：

$$\begin{aligned}CS&=\int_{z/1-\alpha}^{(\alpha+c-z)/2\alpha}(v-\alpha v-z)\mathrm{d}v+\int_{(\alpha+c-z)/2\alpha}^{1}[v-(\alpha+z+c)/2]\mathrm{d}v\\&=\frac{1}{8}(4-3\alpha-2c+\frac{c^2}{\alpha})-\frac{1}{4}(3+\frac{c}{\alpha})z+\frac{1+3\alpha}{8\alpha(1-\alpha)}z^2\end{aligned}$$

社会福利：

$$\begin{aligned}SW=CS+\pi&=\int_{z/(1-\alpha)}^{(\alpha+c-z)/2\alpha}(v-\alpha v-z)\mathrm{d}v+\int_{(\alpha+c-z)/2\alpha}^{1}(v-c)\mathrm{d}v\\&=\frac{1}{8}(4-\alpha-6c+\frac{3c^2}{\alpha})-\frac{1}{4}(1+\frac{3c}{\alpha})z+\frac{3+\alpha}{8\alpha(1-\alpha)}z^2\end{aligned}$$

由此得出结论，对单个厂商来说，最优程度是①不保护；②厂商除去开发成本后的所有净利润为零时的保护程度；③完全保护。另一方面，对社会来说，最优程度的实现依赖于厂商开发成本的分配。该论文也表明，版权保护的增加或减少由于利用不足会带来社会福利损失；同时也会因生产不足带来社会福利损失。

③版权实施的最优程度

Danny Ben-Shahar 和 Assaf Jacob(2001)提出了一个多阶段的均衡，其中作品创作者出于经济动机，选择性地实施他或她自己的版权。实际上，通过策略性促进版权侵权，创作者间接进行掠夺性定价，因此提高进入壁垒。他们考察的是两个潜在生产者的市场：一个领导者 L，一个追随者 F。生产同质产品，两者可以完全替代。生产函数相同，且生产的边际成本相同。如果厂商无版权实施的话，消费者可以无成本地复制产品。因此，厂商要决定产品产量，同时还要决定版权实施的程度。假定厂商的实施程度 e 是二元的，$e=\{0,1\}$，$e=0$ 代表无保护；$e=1$ 代表完全保护。并且两个厂商有共同的边际实施成本 mc 。

假定有两个子市场对替代商品有明显的需求，其中市场 $i(i=\{1,2\})$ 的需求函数为：

$$P_i=\begin{cases}a-b_iq_i, & \text{当 } e=1\\ 0, & \text{当 } e=0\end{cases}$$

子市场的消费者人数为 n_i，每一消费者消费不超过一单位的商品。为了使价格非负，则对于所有的 q，都有 $b_i\leqslant a/n_i$。如果市场中，仅有领导者，那他会要么收取垄断高价且实施版权，或是不实施版权，因此定价为 0。如果，领导者和追随者同时共存于市场中，那么他们以斯塔克博格类型竞争，要么同时在两个子市场中实施版权，要么在一个子市场中实施版权。可以得到的几种情况是：两个子市场都垄断定价（用 MM 表示）；子市场 1 垄断定价，子市场 2 无版权实施，价格为 0（用 M 表示）；在子市场中存在版权实施的斯塔克博格竞争定价（用 SS 表示）；子市场 1 存在版权实施的斯塔克博格竞争定价，子市场 2 无版权实施，价格为 0（用 S 表示）。

领导者和追随者的扩展形式博弈如图 3-2 所示。

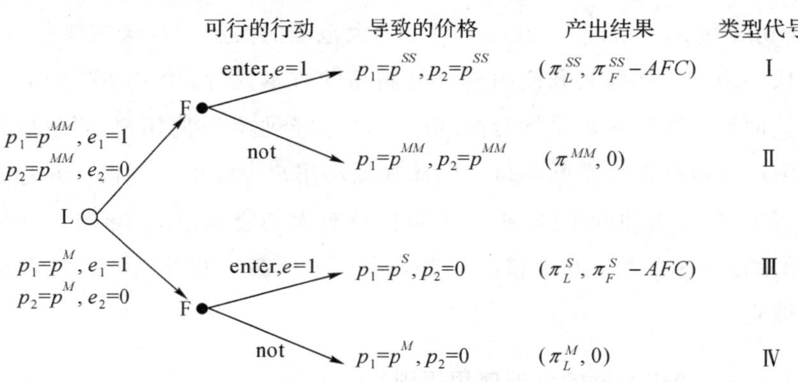

图 3-2　领导者和追随者的扩展形式博弈图

他们针对不同的情况，给出了命题和推论，得到了版权实施的最优程度。他们的模型非常适用于软件业的分析，因为该行业往往存在相对较高的进入成本和相对较低的复制侵权成本。在外生干预的市场条件下，通过激励版权实施，会增加社会福利，最后他们还简单地讨论了潜在法律干预的应用问题。

较早的，Novos 和 Waldman(1986)就研究了当时的复制问题市场，并特别围绕两个问题展开：一是政府产权实施的程度不同会分别产生什么效应；二是原版作者对于消费者生产复本的能力会有什么反应。传统观点认为，政府增加产权实施会由于生产不足减少社会福利损失，同时又会由于利用不足而导致社会福利增加。但他们指出通过这个简单的生产不足和利用不足两难困境来决定最优知识产权实施程度是不妥的。其中，产权实施不一定会增加利用不足损失。当产权实施增加时，会对利用不足损失产生三种影响：第一，原先复制的消费者发现现在不值得去复制也不值得去向原版生产者购买产品。从这点来说，和传统观点一样，是增加了利用不足损失的。第二，原先复制的消费者现在继续复制。增加产权实施意味着得到复本的成本变高，因此会增加利用不足损失。第三，原先复制的消费者，现在选择从原版生产商处购买。这部分消费者的转换是因为他们的复制成本接近于原版厂商的定价。这种转变减少了真实资源的消耗，所以说产权实施的增加可以减少利用不足损失。因此考虑产权实施和利用不足损失的关系要从以上三个不同角度出发，前两者是正相关的，后者是负相关的。Rick Harbaugh 和 Rahul Khemka(2001)认为大范围的实施版权会减少侵权，因为版权实施会增加购买和使用侵权复制品的成本，提高价格并减少消费者剩余。而如果版权实施是针对高端用户，比如企业和政府用户，版权持有人就有激励收取超额—垄断高价。因此在低端用户中鼓励了侵权。并且通过版权实施，使需求曲线下降，扩大了版权持有人的资本市场，导致低的价格和高的销售，这会增加利润和消费者剩余。这样激励和垄断的标准两难问题就被避免了。

3.1.3 版权制度的合理使用原则

版权合理使用，是指在某些特定的情况下，根据法律的规定，他人可以不经版权人的同意，也不必向版权人支付报酬而自由使用其作品的一项制度。各国对此规定也有差异，在英国著作权法中，合理使用是 fair dealing，在美国则是 fair use ，"Fair"有着"合理"、"公平"双重含义。还有一些个别国家版权法规定，合理使用而不需支付，被称为自由使用(free use)。《伯尔尼公约》以及各国的版权法，都对版权作出了一种普遍限制，就是规定“合理使用”的范围。这是因为，从版权是私权的角度出发，法律对其的保护就应当是完整的，但版权的产生具有继承性，同时为了促进整个社会的文化进步与繁荣，法律对版权的侵权行为给予一定的例外与限制，即在某些情况下使用他人作品可以不经版权人许可，也可以不付报酬。这是对版权权利最严格的限制。所以从《伯尔尼公约》到《与贸易有关的知识产权协议》，其中的版权权利限制条款，均重点从“合理使用”的角度对各国版权法作原则性的规定。我国《著作权法》第四节专门规定为“权利的限制”，其内容也主要为对版权合理使用的相关具体条款。许多经济学者也试图构建模型来探讨合理使用的边界究竟应该在哪里。

Miceli 和 Adelstein(2003)认为合理使用原作允许未经许可地复制原版作品，包括艺术、音乐和文学作品，但限于一些批评、研究和教育的目的，并指出即使发生讨价还价过程，版权持有人也会同意复制使用。该论文正是用模型分析合理使用，得到了运用该原则的有效法律标准。模型认为复本与原版是有差异的产品，并把合理使用定义为能与可能的复制侵权相分离的边界。复本不是原版的完全替代品，两者的差异依赖于复制的质量和范围。复制成本的差异是关于复制技术的供给方的问题。随着技术的进步，生产复本的边际成本会越接近原版的边际成本。并且假定存在一系列的商品，包含不同的种类和版本。在一端是原版商品，复本随着质量和范围不同沿着频谱延伸。一些消费者对原版有很高的评价；另一部分人满足于消费包含部分原版的较低质量复本。

无复制情况下，消费者 z 在$[0,1]$之间均匀分布。原版就在 $z=1$ 的地方。原版厂商可以按照边际成本 c 和固定成本 F 来生产原版。消费者购买一单位原版商品得到的总收益为每单位 v。同时招致的“运输成本”为 $(1-z)t$，t 是单位运输成本。运输成本是消费者的偏好，反应了消费者对不同版本的不同评价。在 z 位置的消费者对原版的评价是 $v-(1-z)t$。对于处在 z 位置的消费者，在价格 p 购买原版的总成本是 $p+(1-z)t$。当 $v>p+(1-z)t$，也即 $z>1-(v-p)/t\equiv z_M(p)$ 的时候，消费者再决定购买原版，否则不买。对原本的需求(在无复制的情况下)为 $1-z_M(p)$，随着 p 的增加而下降。原版生产商是垄断厂商，相应选择利润最大化策略，得到最大利润和垄断定价分别为$\pi=(p-c)(1-z_M(p))$，$p_M=(v+c)/2$。同时也得到了购买与不购买的边界 $z_M=1-(v-c)/2t$（当 $z>z_M$，购买；当 $z<z_M$，不购买）。

合法复制的情况下，假定处于 z 位置的消费者能够以成本 $c^c z$“自复制”他或她的商品的“理想的版本”。这也表明精确复制原版的成本是 c^c（此时 $z=1$），反映了生产的规模经济和专业化、经验等，随着技术的进步，会导致 c^c 趋近于 c。对处于 z 位置的消费者来说，当 $v>c^c z$ 时，自生产商品有潜在获益。因此可以定义满足 $z\leqslant v/c^c\equiv z_c$ 条件的消费者是潜在复制者，他们会选择复制而不是不消费。在这种情况下，可以将消费者分为三种类型：$z\in[0,z_c]$制作复本；$z\in[z_c,z_M]$不消费；$z\in[z_M,1]$购买原版。如果是在 $z_c<z_M$ 的条件下，潜在复制者与垄断者市场无重叠，复制对垄断者的策略无影响，不侵害其利润。但是当 $z_c>z_M$ 的时候，潜在复制者与潜在购买者重叠，这种情况的发生是源于复制技术足够改进。此时的消费者要么购买原版，要么复制，这就取决于哪个成本更低。如果原版的价格是 p，当 $p+(1-z)t\leqslant c^c z$，也即 $z\geqslant\frac{p+t}{c^c+t}\equiv\hat{z}(p)$，定位在 z 的消费者会购买原版，否则就复制。对原版的需求是 $1-\hat{z}(p)$。相应的利润和垄断价格是 $\pi=(p-c)(1-\hat{z}(p))$，$\hat{p}=(c^c+c)/2$，因此消费者的边界 $\hat{z}=\frac{\frac{c^c+c}{2}+t}{c^c+t}$。

合理使用情况：合理使用代表通过允许一定程度的复制（自生产）限制作者的版权。他们用 $\bar{z}$ 代表允许复制的上界，那么 $\bar{z}$ 是合理使用，$z<\bar{z}$ 就不是合理使用。也可以理解为，在 $[\bar{z},1]$ 之间保护作者的垄断权利，在 $[0,\bar{z}]$ 之间允许复制者分享市场。通过使社会福利函数 $W=\int_0^{z^*}(v-c^c z)\mathrm{d}z+\int_{z^*}^1[v-(1-z)t-c]\mathrm{d}z$ 最大化（其中，前半部分是从复制中得到的消费者剩余，后半部分是生产和销售原版的利润和消费者剩余），可以推导出社会最优的合理使用程度 $z^*=\frac{c+t}{c^c+t}$。此外，他们还应用分析了几个重要案例（包括近期的 Napster 案例），表明他们的这些观点是与实际法律推理相

一致的。他们的分析也强调了技术在形成合理使用有效范围的作用。

从《世界知识产权组织版权条约》第10条第2款看，原来《伯尔尼公约》允许的某些限制和例外，可能会由于在数字化网络环境里与作品的正常利用相冲突或者不合理地损害作者的合法利益而受到削弱和限制。所以随着数字技术下网络环境的出现，整个版权的合理使用制度都在面临新的挑战，这是一个必须研究的课题。Klein、Lerner 和 Murphy(2002)就分析了网络世界里的合理使用问题。他们认为，Napster 类型的技术分析会减少版权的价值，此类技术是否属于版权法里的合理使用，这就取决于它们对版权作者现在以及未来的经济价值是否产生负面的影响。Depooter 和 Parisi (2002)讨论了当前的一种观点：不少版权学者认为计算机技术减少了与版权传播相关的交易成本，因此，依他们所见，保障授权许可使用的交易成本的减少导致了允许版权作品有限使用的"合理使用"原则的需要下降。根据此新出现的观点，在理想的无交易成本的世界里，第三方使用版权作品只能发生在版权人同意的情况下。这赋予了作者绝对权利去处置作品、禁止他们使用，且不存在任何分类的合理使用。而该论文的两位作者针对这种以交易成本为基础的争论，指出了其缺陷。并表明，合理使用是有理由的，事实上也是有作用的。通过促使版权人的策略行为而使得社会福利损失最小化。即使版权许可无成本，但版权人的策略行为仍然会导致福利损失。此外，他们还确定了许多指导、限制和应用"合理使用"原则的临界变量，如版权持有人的数量、版权投入品的互补程度、不同版权所有人许可授权定价的独立性以及价格歧视的能力。

3.2 版权实施的经济学理论

版权制度的实施中，最为重要的问题就是关于版权作品的复制和侵权问题。经济学家研究版权作品复制的问题，主要是围绕复制的经济效应问题，重点讨论复制技术的存在和运用对经济均衡的影响。而关于版权侵权问题，主要是用来分析市场参与者面对版权侵权威胁时的最优行为，其研究重点是原版厂商和盗版厂商的生产策略问题，尤其是原版厂商如何用自我保护策略来替代法律保护。

3.2.1 复制的经济效应分析

技术的迅猛发展在使得消费者能够以较低的价格得到高质量的复制品的同时，也使得关于复制的纠纷案件日益增加，因而复制问题引起了经济学家愈来愈多的关注。复制的经济效应分析主要是研究复制技术的存在和运用是如何影响经济均衡的效率。经济学家在研究中之所以使用复制这个概念，主要因为他们并不认为复制是非法的，在此前提下他们主要探讨复制行为对厂商和社会大众是否是有利的以及对厂商利润和社会福利有何影响。

(1)家庭用复制模型和工业复制模型

Johnson分别从长期和短期均衡出发讨论了存在和使用技术再生产一些消费品的社会福利效应。由于技术的发展使得消费者能够复制创造性的作品而且不用通过支付来补偿作品所有者，这就需要对复制进行限制。Johnson考虑了与成本结构相联系的两种复制模型：第一种模型强调了复制的家庭生产方面，这种复制技术没有固定成本，边际成本是随着个体数量而变动的；第二种模型代表了大规模的工业复制，这种复制技术存在正的固定成本。对于家庭用复制模型，短期内复制提高了消费者剩余，减少了厂商收益，但可能同时减少了社会剩余。从长期来说，消费者剩余也会因为作品数量减少而降低。对于工业复制模型，短期内如果固定成本足够高，复制可能会导致社会福利损失，社会剩余的损失大小依赖于需求转移程度和需求提高程度的比较。对正的固定成本模型的长期分析，类似于家庭用复制生产模型，福利损失依赖于产品种类的数量和供给的弹性。Johnson通过对这两种模型的分析得出结论：无限度的复制会减少社会福利，对复制进行限制会提高社会剩余。

①家庭用复制模型

一个理性的复制模型应与事实相一致，一部分人愿意购买原版而另一部分人愿意复制。个体的选择不同假定是与复制的成本有关，特别假定时间成本是复制成本中最重要的。那么，选好时间单位使复制可以在一个时间单位里完成，任何人未经授权的复制成本是 w，就是他每个单位时间的工资率。我们为了简单起见忽略了其他成本，并假定在消费者眼中复制品与原版是相同的。$w=p$（p 是作品的价格）这条直线将消费者分为两类：

对 $w<p$ 的人来说宁可复制而高工资的消费者（$w>p$）将购买原版。消费者与厂商的截距 ϕ，表示的是消费者愿意购买的产品与厂商提供的产品的差异性，由 u 和 w 决定，也由此可以将消费者分为三类：购买原版者（$w>p$ 和 $u>\phi+p$）、复制者（$w<p$ 和 $u<\phi+w$）和既不购买原版也不复制的人（$u<\min[w+\phi,p+\phi]$）。u 是个体分类参数，代表支付意愿，所分区域如图 3-3 所示。

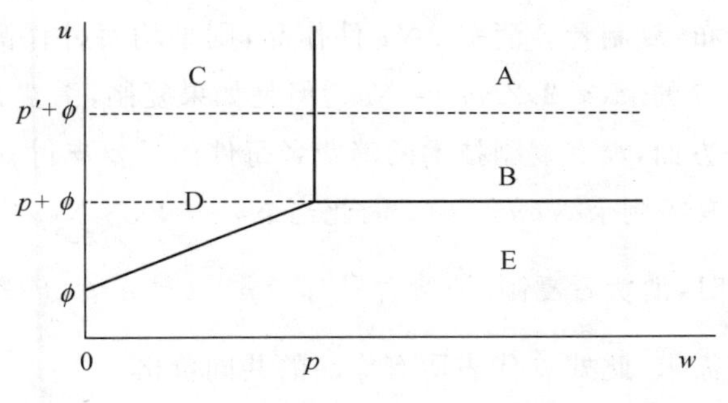

图 3-3　消费者分类区域图

A+B 代表购买原版者，C+D 是复制者，E 是不消费者。生产者收益随原版价格 p 的变动沿两个边际变动，p 越高使购买者变为复制者甚至变为不消费者。$g(u,w)$ 代表 u 和 w 的联合密度函数，对 $g(u,w)$ 的多重积分代表原版作品的需求量，则原版收益可表示如下：

$$2p\int_0^{1/2}\int_p^{\infty}\int_{p+\phi}^{\infty}g(u,w)\,\mathrm{d}u\mathrm{d}w\mathrm{d}\phi$$

复制者需求是：

$$2\int_0^{1/2}\int_0^{p}\int_{w+\phi}^{\infty}g(u,w)\,\mathrm{d}u\mathrm{d}w\mathrm{d}\phi$$

额外的消费者剩余可以从图 3-3 得知，p' 代表没有复制时的价格，复制的存在降低了价格，可以使部分消费者继续购买原版（区域 A），允许一些新的消费者可以购买原版（区域 B）。复制者，包括原先的（区域 C）和新消费者（区域 D）。不消费者（区域 E）。复制使一些额外的消费者享受原作，这对社会剩余有一定的积极贡献。但是，一些原先购买而现在复制的人，他们使社会剩余从 $u-\phi$ 减至 $u-\phi-w$，有净损失 $-w$。只有当需求提高效应超过需求转移效应时，社会剩余才会增加。

对于家庭用复制模型，长期的结论是复制提高了消费者剩余，减少了厂商收益，但可能同时减少了社会剩余。从长期来说，消费者剩余会随着作品数量减少导致的收入损失而降低。

② 工业复制模型

工业复制模型也称固定成本模型。当 u（消费者支付意愿）很低时，消费者决定复制。消费者以固定成本 F 购买复制技术且无其他成本。假定存在 N 个厂商均匀分布，复制者会消费 $2Nu$ 件作品，则平均每件作品的总剩余为 $u/2$，那么消费者剩余 $(u/2)2Nu = Nu^2$。但是如果复制，消费者的净剩余是 $Nu^2 - F$。另一方面，没有复制技术的消费者每件作品要支付 p 元，当达到消费 $u - p$ 时就有净剩余 $N(u-p)^2$。因此当 $Nu^2 - F > N(u-p)^2$ 时，也即 $u > \frac{F + Np^2}{2pN}$ 时，消费者复制。消费者只有当 $p+\phi < u < (F/2N\bar{p}) + (\bar{p}/2)$ 时才对原版有需求。此处 $\bar{p}$ 代表所有作品的共同价格。

由此得出原版的需求是：

$$2\int_0^{\theta(\bar{p})-p} \{G[\theta(\bar{p})] - G(p+\phi)\}\mathrm{d}\phi$$

G 是 u 在每个阶段的累进分配函数，$\theta(\bar{p}) \equiv (F/2N\bar{p}) + (\bar{p}/2)$。在此处的特例中，上式变为 $(1/a)[\theta(\bar{p}) - p]^2$，收入最大化的价格 $p = \frac{1}{2}\theta(\bar{p})$。

考虑此模型中的复制福利效应，可以如图 3-4 所示，当 $u = u_1$ 时的线形需求。

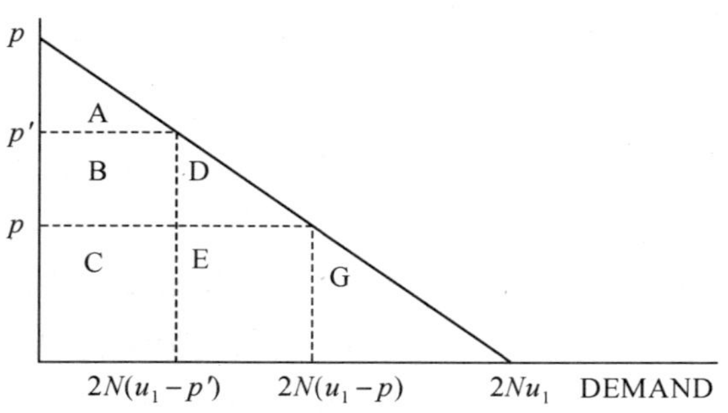

图 3-4　复制福利效应图

不存在复制的时候，价格在 p' 时社会剩余是 A+B+C；存在复制的时候，价格下降至 p 。如果消费者不复制，社会剩余增加 D+E；但如果消费者复制，社会剩余就变为 D+E+G−F，F 是复制的固定成本。只有当 C+E+G>F 或 C+E>F−G>D+E 时，允许复制才会减少社会剩余。由此得出结论：

如果 D+E+G>F，那么所有的消费者增加社会福利（因为消费者剩余的增加大于版权所有者收入的损失）。

如果 F>D+E+G，那么：

当 u 很低时，消费者不复制仍然对社会剩余有利；

当 u 很高时，消费者复制会减少社会剩余（由于收益的减少大于消费者剩余的增加）。

对于家庭用复制模型，短期内复制提高了消费者剩余，减少了厂商收益，但可能同时减少了社会剩余。从长期来说，消费者剩余会随着作品数量减少导致的收入损失而降低。对于工业复制模型，短期内如果固定成本 F 足够高，复制可能会导致福利损失，社会剩余的损失大小依赖于需求转移程度和需求提高程度的比较，并以商业型电视电台出售音像制品为例进行说明。对正的固定成本模型的长期分析，类似于家庭用复制生产模型。福利损失依赖于产品种类的数量和供给的弹性。对两种模型，Johnson 评价了最终的均衡，指明了无限度的复制会减少社会福利，对复制进行限制会提高社会剩余。

(2)"间接获利"问题

"间接获利"(indirect appropriability)这一术语最早是由 Liebowitz (1981)提出的，主要是指原版厂商可以间接的从没有购买原版作品的使用者身上获得收益的能力。简单地说，复制对原版作品的需求量有两个影响：一是部分消费者购买复制品不购买原版，使需求量下降；另一方面，复制者购买原版作品作为复制的样板又使得需求量增加。如果消费者购买原版用于复制而非私人消费，则由于价格歧视使得原版厂商可间接获得复制的利润。因此在间接获利的情况下，原版商品的购买者在决定他们对原版的支付意愿时会将复本的价值考虑在内。那么，商品生产者就能够通过收取高价，比不复制时获得更多的利润。为了分析此问题，Liebowitz(1985)研究了学术期刊市场。在该市场中，期刊通过中间人销售，因而可以实施价格歧视，对高复制可能的消费者（图书馆）收取高价，对低复制可能的消费者（学者，经常从出版商处购买杂志的）收取低价。他发现在1959年只有8%的杂志使用了价格歧视，但这个数字在1983年增加到74%。

Besen和Kirby(1989)指出，“作者的假设不同会导致关于私人复制对社会福利效应的结论不同”①。由于最关键的假设是间接获得复制利润的能力，对这个问题的研究构成了Besen和Kirby论文的主要内容。在他们的模型中，当复制的边际成本固定且原版和复制品不完全替代时，存在直接获利；当复制的边际成本上升且原版和复制品完全替代或不完全替代时，存在间接获利。消费者对原版和复制品替代程度的认识对结果有重要影响，这是因为替代性对消费者的直接支付意愿有影响。Besen和Kirby模型以简单的需求—供给模型为基础，并用了特殊的线性需求。为了强调复制可能引起的社会福利影响，他们还通过使用特殊案例的数字来进一步说明理论结论。他们考虑了三种情况下的模型。第一种是复本和原本是不完全替代的，复制的边际成本是固定的，但大于生产原版的边际成本。消费者对商品的评价是不同的，每一个消费者评价复本是以原版的某一个比例α来考察的。$V_c(x)=\alpha V_o(x)$，其中$V_c(x)$和$V_o(x)$分别是消费者x对复本和原版的评价。消费者会购买原版，当且仅当他们对原版和复本的评价差异大于原版价格和复制成本的差异，即$V_o-V_c\geqslant P_o-r$。由于边际成本是固定的，因此复本价格随之下降，导致原版所有者无法从复本中获利。但是此种情况下，仅出现直接获利，复制对总体福利的效应是模糊的，这依赖于原版的产量是增加还是减少。第二种情况下，复本和原版是完全替代的，但复制的边际成本是递增的。在这里出现了所谓的“俱乐部”形式，一个消费者购买原版，俱乐部成员从此人处复制。递增的边际成本使得购买者盈利，因此他或她愿意为原版支付高价。间接获利情况出现，此种情况下的社会福利情况也很难确定，但依赖于相关的生产原版的边际成本和俱乐部的形式。最后一种情况下，他们将版税也并入分析。在直接获利模型中，生产者发现引入版税是有利可图的。在完全替代的案例中，最优版税要么是零要么是足够高，能阻止所有复制。但在最后这种情况下，某些形式的版税对生产者

① Besen and Kirby, “Private Copying, Appropriability and Optimal Copying Royalties”, Journal of Law and Economics, 32, 1989, P257.

是有利的。最后，他们还指出长期福利要依赖于复制如何影响作品生产的数量。Besen 和 Kirby 研究的最大长处在于普及性，研究结论非常接近于存在间接获利或直接获利的现实特征。在间接获利的条件下，原版生产商才可能从复制市场获得利润，复制才会有利于社会上的每个成员，才可能产生一个社会福利的帕累托改进。

(3)未经授权的复制行为

自 Liebowitz 在其论文中提出了“未经授权的知识产权复制”这一概念后，后续的研究从对复制的经济分析转到对易复制产品的版权保护问题上。主要是探讨“未经授权的复制行为”是否应得到保护的问题。Takeyama(1994)建立了一个更为广义的模型来分析和解决复制品和原创作品是不完全替代的此类情况的问题。在模型分析中，引入了网络外部性的概念，得出当存在需求网络外部性时，未经授权的知识产权复制与不复制的情况相比，不仅会提高厂商收益，还会导致社会福利的帕累托改进。Takeyama(1997)的贡献是将一个短期的概念引入此类研究。在短期的框架下，厂商从未经授权的再生产活动中，得到的损失远远大于大多数统计模型中所预测的。消费者的复制减少了可从消费者那里获得的剩余，包括那些没有复制倾向的消费者。但自相矛盾的是，复制带给原版厂商的利润大于没有复制时的利润。因此他认为厂商应该有选择地选取版权保护的实施。同时该文通过对复制的分析也很好地解释了厂商愿意赠送摘要版产品的原因。Takeyama(2002)认为当知识产品是体验性的商品时，知识产权复本(如盗版的软件)的消费能披露原版的质量。正版与复本之间的不完全替代使得原版有继续销售给拥有信息的复制者的可能。因此，复制的存在会导致一个社会福利的帕累托改进，并可能会解决逆向选择问题和在缺乏复制条件下生产出社会不需要的低质量产品的先占问题。此外，该论文也表明，不实施版权会成为高质量的信号。最终，任何对复制的相对“损害”的衡量，必须考虑到存在于复制与非复制市场多样性和在无复制框架下甄别高质量的信号成本。

3.2.2 版权侵权的经济分析

“版权侵权”(piracy)不同于第二部分中的“复制”(copying)。有关版权侵权的经济模型主要是用来分析市场参与者面对版权侵权威胁时的最优行为，其研究重点是原版厂商和盗版厂商的生产策略问题，尤其是原版厂商如何用自我保护策略来替代法律保护。因此版权侵权也不同于接下来要讨论的版权法的保护和版权所有者的最优策略。版权侵权的经济分析大致包括以下三个方面：一是传统的版权侵权；二是计算机软件侵权；三是数字音乐作品侵权。这种分类主要是随着信息技术的更新和进步，在新兴的版权侵权文献中引入了"网络外部性"和"文件共享"的概念，分别体现在计算机软件侵权和数字音乐作品侵权的研究文献中。

(1)传统的版权侵权

涉及传统的版权侵权理论研究的主要有 Besen(1984)、Nascimento 和 Vanhonacker(1988)、Watt(2000)等论著。Besen(1984)认为当时的技术进步减少了知识产权私人复制的成本，导致了广泛的复制，对生产者权利产生严重损害。该文发展了一个模型来分析私人复制对生产者利润和消费者福利的影响效应。当原版和复本可以完全替代，且所有原版复制的次数都相同时，则复制比生产原版缺乏效率。因此利润和消费者剩余都下降。但当一些原版复制而另一些不复制，且复制是有效的时候，利润就下降，而消费者剩余上升。Nascimento 和 Vanhonacker(1988)的论文考察了易复制商品的生产者达到利润最大化的最优价值轨迹，研究重点是生产复制品的成本。生产复制品的成本与原作的可获得性存在部分相关性，主要体现在原作越难得到，复制生产的成本就越高。通过对许多案例的研究，他们得出的关于易复制商品生产者的最优策略是在初期对消费者收取高价，然后随着时间推移降低价格。沿着这种思路，Nascimento 和 Vanhonacker 认为复制与时间之间存在着一个较低的相关率。

Watt(2000)在 Besen(1984)的模型的基础上提出了一个简单的离散时间模型。该模型以简单的双寡头模型为基础，假定复制品与原作品完全替代，表明了原作的生产者和复制品的生产者这两类市场参与者的最优策略。研究结果表明原作生产者自我保护策略的存在实际上起到了一种对法律保护的替代作用。模型中包括三种情况：盗版厂商不存在，盗版厂商存在但被排除在市场之外以及原版厂商和盗版厂商相互调解。针对不同的情况，厂商的策略和社会福利的计算也不相同。在第一种情况中，原版厂商处于垄断地位，根据总收益最大化可以得出最优的价格策略，社会福利的计算包括原版厂商利润、版税和消费者剩余；在第二种情况中，原版厂商仍然是垄断厂商，其收益与社会福利计算与第一种情况基本相似；在第三种情况中，原版厂商与盗版厂商的产量决定市场的总产量，他们各自都可以得到均衡价格和产量，而社会福利的计算与前两种情况相比，包括原版厂商的利润、盗版厂商的利润、版税以及消费者剩余。

①前提假设

所有消费者需求只有1单位商品，存在一个消费者连续。第一阶段的反需求函数是：

$$p_1 = 1 - bx \ (0 \leqslant p_1 \leqslant 1)$$

第二阶段，所有消费者由于一些因素 $k(0 < k < 1)$ 缩小了第一阶段的购买意愿。第二阶段的反需求函数 $p_2 = k - dx$（斜率 d，截距 k，$0 \leqslant p_2 \leqslant k$），$d = kb$。反需求函数如图3-5所示。

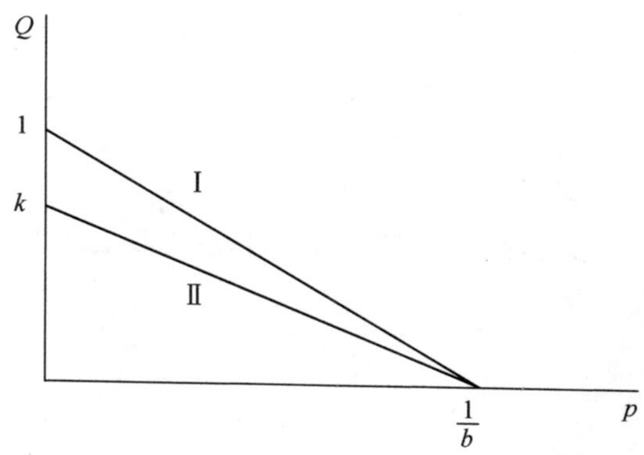

图3-5　反需求函数图

第一阶段只有原版作品，复制品要决定进入，他要购买1单位原版。第二阶段，原版和盗版适用古诺模型。若不进入，原作者在第二阶段仍然是寡头垄断。

原版、盗版生产都无固定成本，有相同的固定的边际成本 c 。我们可以将第一阶段购买的1单位载体的价格作为复制的固定的进入成本。原作生产者依据销售量支付知识产权的版税，盗版者不付版税，如果原版生产者出售 x 单位，要付 $\lambda x(0 < \lambda < 1)$。因此，版税是原版生产者要面对的最大的

边际成本。

所有市场参与者无时间偏好。假定 $c+\lambda<k$，如果不这样假定，由于没有正的利润，第二阶段生产就为 0。类似于经典的 Stackelberg 模型。正版厂商是领导者，盗版厂商是跟随者。在第二阶段，是古诺模型，也可假定在第二阶段是伯兰特模型。这样，盗版生产者有能力降低正版价格，因为他节省了用于支付版税的边际成本，他可以发动价格战。但是，正版厂商在第一阶段已经有正的收益，因此，他在第二阶段也可发动价格战。

②单一阶段模型

商品的单一生产者没有固定生产和固定的边际成本 δ，反需求函数 $p=\alpha-\beta x$。

$$x(p)=\frac{\alpha-p}{\beta}$$

$$\pi(p)=\left[\frac{\alpha-p}{\beta}\right](p-\delta)$$

$$\pi'(p)=(\frac{1}{\beta})(\alpha-2p+\delta)$$

$$\pi''(p)=(\frac{1}{\beta})(-2p)<0$$

由于二阶导数为负，收益严格凹向价格，所以收益最大化的价格为：

$$p^{*}=\frac{\alpha+\delta}{2}$$

最优收益为：

$$\pi(p^{*})=\frac{(\alpha-\delta)^{2}}{4\beta}$$

③垄断者两阶段没有盗版者进入的模型

价格变化记为 p_i($i=1,2$,表示阶段)，第一阶段销售 $x_1>0$，一些消费者在第一阶段买了就不会在第二阶段买。因此第二阶段的剩余的反需求函数：

$$p_2=k-kbx_1-kbx=kp_1-kbx$$

最优的第二阶段收益由第一阶段价格替代表示：

$$\alpha=kp,\beta=kb,\delta=c+\lambda$$

代入最优收益函数式得：

$$\pi_2(p_1) = \frac{(kp_1 - c - \lambda)^2}{4kb}$$

但是总收益：

$$\pi(p_1) = \pi_1 + \pi_2 = \left[\frac{\alpha - p_1}{\beta}\right](p_1 - \delta) + \frac{(kp_1 - c - \lambda)^2}{4kb}$$

$$= \left[\frac{1 - p_1}{b}\right](p_1 - c - \lambda) + \frac{(kp_1 - c - \lambda)^2}{4kb}$$

$$\pi'(p_1) = (\frac{1}{2b})[2 - (4 - k)p_1 + c + \lambda]$$

$$\pi''(p_1) = -(\frac{4 - k}{2b}) < 0$$

因为 $k < 1$，所以 $\pi''(p_1) < 0$ 。因此最优价格为：

$$p_1^* = \frac{2 + \lambda + c}{4 - k}$$

④第二阶段存在盗版者的模型

假定两个生产者 i 和 j，需求曲线 $p = \alpha - \beta x$，x 是总的市场生产，$x = x^i + x^j$

$$\pi^i(x^i) = x^i(\alpha - \beta x^i - \beta x^j - \delta^i)$$

$\pi''^i(x^i) < 0$，所以：

$$x^{i*} = \frac{\alpha - \beta x^j - \delta^i}{2\beta}$$

厂商 j 的最优策略：

$$x^{j*} = \frac{\alpha - \beta x^i - \delta^j}{2\beta}$$

相同的，此方程的第二阶段均衡生产为：

$$x^{i*} = \frac{\alpha + \delta^j - 2\delta^i}{3\beta}$$

$$x^{j*} = \frac{\alpha + \delta^i - 2\delta^j}{3\beta}$$

总的生产均衡是：

$$x^* = x^{i*} + x^{j*} = \frac{2\alpha - \delta^i - \delta^j}{3\beta}$$

厂商 i 的均衡收益：

$$\pi^i(x^{i*}) = x^{i*}(\alpha - \beta x^* - \delta^i) = (\frac{1}{9\beta})(\alpha + \delta^j - 2\delta^i)^2$$

厂商 j 的均衡收益：

$$\pi^j(x^{j*}) = x^{j*}(\alpha - \beta x^* - \delta^j) = (\frac{1}{9\beta})(\alpha + \delta^i - 2\delta^j)^2$$

盗版第二阶段模型是古诺模型，厂商 i 是原版生产者，厂商 j 是盗版生产者：

$$\alpha = kp, \beta = kb, \delta^i = c + \lambda, \delta^j = c$$

在模型中，假定盗版者进入，第二阶段的均衡策略为（o 代表原版生产者，p 代表盗版者）：

$$x_2^{o*} = \frac{kp_1 - c - 2\lambda}{3kb}$$

$$x_2^{p*} = \frac{kp_1 - c + \lambda}{3kb}$$

第二阶段每个生产者收益：

$$\pi_2^o(x_2^{o*}) = (\frac{1}{9kb})(kp_1 - c - 2\lambda)^2$$

$$\pi_2^p(x_2^{p*}) = (\frac{1}{9kb})(kp_1 - c + \lambda)^2$$

现在我们解决原版厂商在第二阶段存在盗版厂商进入的情况下的第一阶段的最优价格策略。由于在第一阶段，原版厂商根据第一阶段的需求卖，同时卖给盗版者 1 单位。

$$\hat{\pi}_1^o(\hat{p}_1) = (\frac{1 - \hat{p}_1}{b} + 1)(\hat{p}_1 - c - \lambda)$$

由此可得出原版生产者总的利润以及最优价格：

$$\hat{\pi}^o(\hat{p}_1) = (\frac{1 - \hat{p}_1 + b}{b})(\hat{p}_1 - c - \lambda) + (\frac{1}{9kb})(k\hat{p}_1 - c - 2\lambda)^2$$

$$\hat{p}_1^* = \frac{9 + 9b + 5\lambda + 7c}{18 - 2k}$$

⑤社会福利的马歇尔计算（MMSW）

从社会福利的角度比较存在盗版者和不存在盗版者两种情况下的均衡。给定社会福利函数如下：

社会福利＝生产者利润＋版税＋消费者剩余

当不存在盗版者时，社会福利为：

$$M(p_1)=\pi(p_1)+R(p_1)+C(p_1)$$

$$=(\frac{1}{2b})\Big[(1-p_1)(1+p_1-2\lambda-2c)+(\frac{\lambda}{k})(2k-kp_1-\lambda+c)$$

$$+(\frac{3}{4k})(kp_1-\lambda-c)^2\Big]$$

当盗版者存在，但被排除在市场之外，原版生产者仍然是垄断者，以上方程仍然有效：

$$\hat{M}(\hat{p}_1)=\hat{\pi}^o(\hat{p}_1)+\hat{\pi}^p(\hat{p}_1)+\hat{R}(p_1)+\hat{C}(\hat{p}_1)$$

$$=(\frac{1}{2b})\Big[(1-\hat{p}_1)(1+p_1-2c)-2bc$$

$$+(\frac{1}{9k})(2k\hat{p}_1-2c-\lambda)(4k\hat{p}_1-4c+\lambda)\Big]$$

当盗版者存在且两者调解时，方程就稍微变化。社会福利的计算就包括四个部分：原版厂商的利润、复制品厂商的利润、版税以及消费者剩余。由此可知，在这里有三种情况，盗版者不存在、盗版者存在但被排除在市场之外以及原版者和盗版者相互调解，针对不同的情况厂商的策略也不相同。

(2)计算机软件侵权

1969 年，美国 IBM 公司实行“价格分离”政策，开始将计算机软件和硬件分别计价，揭开了软件产业时代的序幕。但随之而来的软件侵权问题迅速地引起了各国政府、专家学者以及软件公司的高度重视。经济学家也开始转向用经济理论来分析计算机软件侵权。根据 BSA(Business Software Alliance，商业软件联盟)的分类，软件侵权可以分为以下几类：第一，最终用户复制，即消费者在未经原版厂商许可的情况下向其他最终用户或厂商进行拷贝；第二，销售或分配非法复制的软件，包括伪造产品，伪造是指非法拷贝和分配仿冒原版的软件；第三，下载：从互联网上制作复本。

20 世纪 90 年代后国外关于盗版的研究主要集中在考虑软件网络外部性条件下，盗版对原版厂商的利润及社会福利的影响。Conner K 和 R. Rumelt(1991)，J. Slive 和 Bernhardt(1998)以及 Oz Shy 和 Thisse(1999)分别证明，在软件网络外部性较强时，盗版反而会增加原版厂商利润和消费者剩余。Conner 和 Rumelt(1991)是最早研究此问题的学者。他们认为软件侵权会减少合法销售产品的零售需求，但另一方面，它还会增加产品的用户基础的规模。因为用户基础能决定学习成本和产品的兼容性，所以侵权会增加产品的价值。对于软件厂商来说，侵权一方面直接减少销售，而另一方面通过增加产品价值而获利。在这两个侵权的效应中，Conner 和 Rumelt 认为厂商增加保护防止盗版对生产者和消费者都有害。因为在网络外部性很强的条件下，不允许侵权只会将侵权者排除在用户以外，而不会使侵权者购买，所以运用不保护策略可能是最优的。在他们的模型中，无网络外部性时，单个个人 i 的选择是：

当 $P \leqslant \min(V_i, C_i)$ 时，购买软件；

当 $C_i < \min(V_i, P)$ 时，侵权；

当 $V_i < \min(C_i, P)$ 时，不用。

其中，P 是软件价格，$V_i = T_i - L_i$（V_i 是从软件中得到的净价值，T_i 是总的使用软件的价值；L_i 是购买之后的成本，包括学习成本和软件客户化成本）；C_i 是侵权成本。当网络外部性存在时，个人 i 会选择：

当 $P \leqslant \min(V_i + f_i(U), C_i - g_i(U))$ 时，购买软件；

当 $C_i - g_i(U) < \min(V_i + f_i(U), P)$ 时，侵权；

当 $V_i + f_i(U) < \min(C_i - g_i(U), P)$ 时，不用。

其中，$f_i(U)$ 是当只有 U 个软件使用者时，带来的购买后成本的减少；$g_i(U)$ 是侵权成本的减少，因为当有更多使用者时，软件厂商更难发现侵权。他们的整篇文章都是围绕着软件侵权的厂商最优策略展开的。他们认为，即使厂商通过技术保护的成本为零时，不保护的政策可能是最优的。当然这是建立在网络外部性很强的假设前提之上的。有三个条件会使网络外部性很强：一是软件很复杂、很难被掌握；二是软件需要和允许广泛的用户客户化；三是软件适用于多用户的数据处理器或正式的网络。

Sliver 和 Bernhardt(1998)将用户分为商业用户和家庭用户两类，认为网络外部性对商业用户比家庭用户更重要。另外，商业用户有较高的支付意愿和侵权成本。在此基础之上，发展了 Katz 和 Shapiro 的观点，构建了一个两阶段动态的博弈模型。假定只有商业用户面对网络外部性时：

$$V_B(N, \alpha) = \alpha + \theta N$$

$$V_H(N, \delta) = \delta$$

其中，V_B 代表一定商业用户 α 对软件的评价；N 是总的用户人数；θ 描述了网络外部性（$0 \leqslant \theta \leqslant 1$）；$V_H$ 代表家庭用户 δ 对软件的评价。他们认为存在一个网络外部性的重要程度。只有网络外部性超过这个程度时，软件厂商允许家庭用户侵权会得到较大利润。

Oz Shy 和 Thisse(1999)是在双寡头市场中来分析软件市场侵权问题的。他们将网络外部性模型嫁接到 Hotelling 空间竞争模型中，在该模型中有两个不同的软件 A、B，分别由不同的厂商生产，定价为 P_A 和 P_B。另外，用户对两种软件评价也不同。选 A 的占 χ，$\chi \in (0,1)$；选 B 的占$(1-\chi)$。用户对购买后的服务采取的态度也不同，支持导向的用户从软件厂商提供的售后服务中得到额外效用；相反，支持独立的用户无法得到。用户的效用可以描述为：

如果购买软件 A，$-\chi + \mu n_A - P_A + \delta_i$；

如果盗版软件 A，$-\chi + \mu n_A$；

如果购买软件 B，$-(1-\chi) + \mu n_B - P_B + \delta_i$；

如果盗版软件 B，$-(1-\chi) + \mu n_B$；

如果不使用软件，0。

其中，如果客户是支持导向的 $\delta_i = \sigma$；如果客户是支持独立的，$\delta_i = 0$。μn_A 和 μn_B 代表每个厂商各自的网络外部性。P_A 和 P_B 是软件 A 和 B 的价格，他们认为当网络外部性很强时，允许侵权是合作产业的一个均衡解。这个结论与前三篇文章在完全垄断的条件下得到的结论相似，都认为在网络外部性足够强的情况下，侵权会增加厂商利润。

Tze 和 Poddar(2002)在完全垄断市场中发展了一个特殊的模型，得到：当网络外部性很强时，保护对厂商来说是最优的。并且指出当网络外部性存在时，厂商保护软件的激励甚至高于无网络外部性时，在他们的模型中，无侵权时消费者的效用是：

如果购买正版软件，$\mu' = \chi + \theta D'_{NP} - P'_{NP}$；

如果不使用，$\mu' = 0$。

其中，θ是网络外部性的程度，$\theta \in \left[0,\frac{1}{2}\right]$；$D'_{NP}$ 是软件需求；P'_{NP} 是软件价格。当存在侵权时，消费者的效用可定义为：

如果购买正版软件，$\mu' = \chi + \theta D'_o + q\theta D'_p - P'_o$；

如果购买盗版软件，$\mu' = q\chi + q\theta D'_o + q^2\theta D'_p - P'_p$；

如果不使用，$\mu' = 0$。

其中，q 是侵权概率，D'_o、P'_o 和 D'_p、P'_p 分别是原版和盗版软件各自的需求和价格。他们指出，在这样的条件下，厂商保护自己的产品是最优的策略。另外，他们还比较了与前一类文献的差异，并认为如果结论的得到主要是依赖于模型的初始假定条件，那么没有一个模型可以被认为是对现实世界中真实情况的一般解释。

Poddar(2002，2003a，2003b)又连续撰写论文深入讨论此问题。Poddar(2002)构建了一个存在网络外部性加强效应条件下的软件侵权模型，表明保护而不是允许侵权对原版软件开发商来说才是真正的最优策略。他还认为存在网络外部性时对保护的激励比不存在网络外部性时更高。在文章的后一部分研究了软件侵权的概况及对全球的影响，并运用比较分析的方法对不同国家、不同地区进行了比较分析。Poddar(2003a)观察到一些市场(国家)侵权现象十分猖獗，而另一些市场(国家)侵权现象较为罕见。在此文中，Poddar 发展了一个简单的经济模型来解释这些现象。在这个模型中，他假定市场中只有一个原版厂商或零售商和一个侵权者，消费者的效用函数如下所示：

如果购买原版软件，$\mu = \chi - P_o$；

如果购买盗版软件，$\mu = q\chi - P_p$；

如果都不发生，$\mu = 0$。

其中，χ 是消费者的连续群指数，$\chi \in [0,1]$代表了消费者对软件的评价程度，是消费者支付意愿的决定量，χ 越高，评价越高；P_o、P_p 分别为原版软件和盗版软件的价格。他发现侵权的发生是有条件的，当侵权成本不太高(这主要依赖于法律环境)并且盗版的复本适度的可靠与原版有适度的区别时，盗版就会在市场中存在和发生。Poddar(2003b)将侵权分为最终用户侵权和商业侵权。他认为在最终用户侵权模型中，尽管软件市场存在强的网络外部性，但对于原版软件开发商来说选择充分保护软件是最优的政策。在商业侵权模型中，对于原版厂商来说保护要成为最优选择，必须依赖于以下三个条件的成立：一是软件市场中网络外部性的程度；二是潜在软件用户的收入分配情况；三是市场上盗版软件的质量和可依赖程度。他认为，在大多数情况下无论是何种侵权，对原版软件开发商来说最优策略是保护自己的产品。

另有，Blackburn(2002)认为在完全垄断的条件下，边际网络外部性是决定厂商利润的关键要素。他沿用了 Katz 和 Shapiro(1985)的模型来描述消费者效用。

购买者效用：$\mu' = r + V(S^E) + W(N^E) - P$

其中，$V(S^E)$代表从软件中得到的网络效益；$W(N^E)$代表从软件互补品中得到的网络收益，因为互补品市场规模与软件市场规模相关。他将模型进一步改进为：

如果购买正版软件，购买者效用为 $\mu = r + V(S^E) + W(N^E) - P$；

如果购买盗版软件，复制者效用为 $\mu = \alpha[r + V(S^E) + W(N^E)]$。

其中，α 代表侵权程度。如果边际网络外部性 $[V(S^E) + W(N^E)]$ 足够强时，厂商减少保护（α 减少），厂商会增加利润。但随着边际外部性的减少，厂商应增加保护，而且他认为随着软件市场的不断成熟，生产者只会逐步增加保护，这主要是因为市场成熟后，网络变大，边际网络外部性变小造成的。Bae 和 Choi(2003)设计了一个软件侵权的简单模型，分析了软件侵权对于软件适用的短期影响和对于软件开发激励的长期影响。他们主要考虑了与侵权有关的两种类型成本：再生产成本是恒常的；软件退化成本是与原创产品的消费者估价成比例的。他们认为侵权的效应并不确定，主要依赖于侵权成本的特性和属性。

在国内，关于软件侵权的法律经济学分析的文献，最具代表性的是刘茂林博士(1996)和史晋川教授(1996，2000)的研究成果。刘茂林博士在《软件产权和软件侵权的经济分析》一文中，借用法律经济学侵权理论的基本公式——汉德公式，研究了计算机软件的侵权赔偿问题。其结论是如果不存在履行差错，实行完全补偿性赔偿，即盗版厂商赔偿其盗版行为对原版厂商造成的损失；如果存在履行差错，则实行惩罚性赔偿。史晋川教授在《计算机软件盗窃案中厂商收益损失确定的经济学分析》一文中，从经济学角度分析了盗版的特点——原版厂商的产权部分丧失性，并运用博弈论方法分析了盗版厂商和原版厂商的行为，以及在计算机软件侵权发生后有关厂商的收益损失和非法所得的确定。史晋川教授和汪淼军在《计算机软件侵权的最优赔偿原则研究》一文中运用机制设计理论研究最优赔偿原则。他们指出，在考虑计算机软件侵权的赔偿问题时，必须考虑软件质量特征和市场特征，尤其是要考虑网络外部性。研究所得出的基本结论是，对盗版的惩罚力度是购买正版用户比例、侵权发生率、生产效率以及软件网络外部性的函数。一般而言，购买正版用户比例越高，则最优的惩罚力度就越轻；原版厂商生产软件的效率越高，则最优的惩罚力度就越重；软件消费的网络外部性越强，则惩罚力度越轻。寇宗来(2000)认为软件盗版是对软件开发者知识产权的侵犯。但盗版不仅没有因违法而销声匿迹，还在各国更为猖獗。他试图解释此现象，通过建立一个博弈论的分析框架来剖析盗版存在的内在逻辑。他认为盗版存在的原因是，建立软件产权体系的高成本使开发者或政府无法充分监督和落实开发者对软件的排他性产权。因此在泰勒尔(1988)纵向差异模型的框架下，建立了一个包括消费者、正版和盗版厂商以及政府在内的动态博弈模型。博弈的顺序是：第一阶段，正版厂商投入固定成本开发出软件，随之盗版厂商对其进行盗版；接着，正版厂商和盗版厂商按照消费者的类型分布进行双寡头伯特兰价格博弈。第二阶段，政府按照其效用决定对盗版现象的打击力度。结果表明，根据制造和使用盗版软件被发现的难易程度，盗版要么稳定存在，要么时有时无。吴澄秋和石磊(2000)在 Hotelling 模型中不仅分析了存在盗版的情况下盗版软件和正版软件的价格、需求和正版厂商利润，还分析了不存在盗版的情况下正版软件的价格、需求和正版厂商利润，试图从经济学的角度解释：盗版降低了正版软件的价格、需求和正版厂商利润，降低了正版厂商 R&D 投资的积极性；盗版导致了消费者剩余的增加，同时他们还得出：在发展中国家，盗版导致社会总福利的增加；而在发达国家，盗版导致社会总福利的减少。

(3)数字音乐作品侵权

数字技术的发展与普及对传统音乐产品与产业带来了前所未有的冲击，数字音乐问题也因此成了数字信息产业和娱乐传媒产业关注的焦点，更成了法律界和经济学界争议的热点。

①数字音乐产品及其经济属性

根据《辞海》对于音乐的定义，音乐属于艺术的一种，通过有组织的乐音所构成的艺术形式来表达人们的思想感情，反映社会现实生活。基本表现手段是旋律与节奏，此外有和声、复调、曲式、管弦乐法等。可分声乐、器乐两大类，也可按体裁、形式分为歌曲、合唱、交响曲以及丝竹、吹打、说唱音乐等。阮弘(2003)将音乐产品分为两种形式：其一为物质产品的形式，如乐谱集册、CD 唱片等；其二为服务形式，如在酒吧、宾馆等场所中的音乐演奏和音乐厅、大剧院中各种营业性的音乐演出活动。

数字音乐是指在音乐的制作与传播以及储存过程中使用数字化技术的音乐。[①] 随着技术演进，音乐产品的形式出现了多样化、数字化和网络化的趋势。传统的磁带、CD 产品越来越多地被数字化的音乐所取代，随着 MP3 格式的出现，数字音乐在世界范围内迅速普及，并大量出现在互联网、个人电脑硬盘和便携式数字音乐播放器中。同时，随着无线网络和移动电话的快速普及，手机铃声、"彩铃"等无线音乐也迅速成为数字音乐的一种重要形式，并且成为正版音乐收入的主要来源。总的来说，音乐产品具体表现形式主要有：一是唱片音乐，包括磁带、CD、DVD 等，以传统存储介质为载体，有物质形式。二是媒体型音乐，传统媒体音乐包括电视音乐、电影音乐、广播音乐。随着宽带网络和手机无线网络两种新媒体的迅速普及，出现了两种新的媒体音乐，即在线音乐(或称为网络音乐)、无线音乐(或称为手机音乐、移动音乐)；它们主要变现为数字信号的形式，以各种媒体为载体，没有物质形式。三是音乐演奏和演出，如演奏会、演唱会等，表现为服务形式。而数字音乐按照音频文件的压缩编码格式可以分为 CD、MP3、ATRAC 及其后的 ATRAC3/atrac3plus，还有 WAV、WMA(Windows Media Audio)、AAC(Advanced Audio Coding)、AIFF(Audio Interchange File Format)、APE、FLAC(Free Lossless Audio Codec)、VQF、RA(Real Audio)、S84、Monkey Audio、Ogg Vorbis 等等；按内容可分为在线音乐和移动音乐，在线音乐，又称为网络音乐，是指通过互联网直接传输到 PC 的数字音乐，移动音乐，又称手机音乐，是指通过移动增值业务模式和移动通信网络传输至移动通信终端的数字音乐业务。[②]

① 上海艾瑞市场咨询有限公司.中国数字音乐研究报告(2005 年简版)，2005。

② 转引自曹克勇.数字音乐版权及商业模式研究.北京邮电大学硕士研究生学位论文，2007。

音乐产品销售的并非实物，而是记录于载体（磁带、光盘、硬盘等）之中的数字信息，或者说知识成果，它的内容是无形的。以无形资产评估价值，从而使音乐相对于传统经济学中分析的实物商品有了根本性区别，数字音乐产品的经济属性主要包括以下方面。

第一，音乐产品的准公共物品性质。音乐在市场上作为商品销售，应该是私人物品，明晰产权。但是音乐却有一些准公共物品的特性，即人们可以使用公共物品但不必支付费用。由于音乐的复制成本微不足道，因而它天生地具有非竞争性。从成本角度看，音乐产品的成本几乎是一次性的，而音乐创作完成后的复制生产成本几乎为零，多一个消费者还是少一个消费者，几乎不会产生成本上的变化，也不会对价格产生影响。也就是说，制作第一份音乐的成本非常高，但此后产品的边际成本几乎可以忽略不计。这样看来音乐可以说是一种准“公共物品”。同时，音乐也具有非排他性，购买一首音乐后，可以在多台播放设备上使用，唱片公司也不可能根据音乐的使用情况来收费。这会使使用较少的客户不愿意购买音乐，而偏向于向人借用或租用，或者几个人共同购买。另外，音乐产品还具有消费的提前性，消费者在购买音乐产品前往往必须知道这些商品是什么、质量如何、内容以及服务是怎样的，所以，音乐生产厂商必须通过特定的途径让消费者“体验一下”或“试听”这些音乐怎么样，“试听”过多则相当于已经“免费品尝”了商品，从而失去了应有的利润。同时，在正版音乐大肆宣传的同时，却为盗版者成为“免费乘车者”提供了便利条件。因而，正版音乐不得不比盗版音乐背负起更多的成本与机会成本。①

第二，音乐产品具有较大的价格弹性。当存在免费下载的网站和盗版现象时，消费者享受着近乎免费的音乐，目前盗版网站属于销售成本为零的无限量供给。尽管盗版现象扰乱了正常的市场经济秩序，侵犯了相关合法利益群体，消灭盗版的呼声也越来越高，消费者却知其盗版而买之或从非法网站上免费下载，其根源是市场需求和供给共同作用的结果。最直接原因在于一方面存在着日益增长的市场需求，另一方面在于盗版产品的消费价值高于正版产品的消费价值。消费价值体现在两方面：质量和价格。

---

① 孔晓飞．音乐产业化进程中盗版行为的经济学分析．经济导刊，2007-12-14。

第三，音乐产品是信息经济学中的经验商品。所谓的经验商品（experience good），指的是消费者必须亲身使用过该项产品后，才能得知产品的价值。而音乐产品在制造销售的过程中，需投入大量的营销与广告包装等成本，即在于使消费者了解并认同音乐产品的价值，此一成本也反映出音乐产品属于经验商品的性质（Peitz & Waelbroeck，2005）。在线音乐由于内容与一般CD唱片几乎一致，因此除了通过传统营销包装来强调内容价值外，也可以通过在线试听的服务给予消费者选择购买的权利，这一提供消费者事先体验的方式，可进一步吸引更多消费者加入，让音乐内容的价值受到认同，并使整体在线音乐消费市场的平均价值得以提升（Blackburn，2004）。

第四，数字音乐产品的消费者交易成本降低。信息科技的发展，使消费者享受到高度的便利性，而透过网络来传递与应用的信息产品，最大的经济效益当属消费者交易成本（transaction cost）的降低与使用效率的提升。在线音乐的兴起，也使得这一产业中相关交易成本得以降低，通过归纳Coase（1960）、Shapiro与Varian（1999）以及Parikh（1999）等学者的论述，整理得到在线音乐相关的交易成本包括：信息成本（information cost）的降低；搜寻成本（searching cost）的降低；维护成本（maintenance cost）的降低；订约成本（contracting cost）的降低。

②数字音乐产业及其经济特性

根据音乐产品的各种表现形式，音乐产业是指从事上述定义中各类形式的音乐产品的生产和提供音乐服务的经营性行业。音乐产业的核心是具有创作灵感的音乐家，他们创造、制作音乐，组成音乐产业的生产环节。除了生产创作环节之外，音乐产业还覆盖了音乐发行、销售和服务环节的大量参与者，例如，音乐产业中的出版商、分销商、零售商、经纪公司等等。虽然音乐有着悠久的历史，但是音乐作为一个行业获得巨大的发展，并让普通大众成为音乐产品的主要消费者的历史并不长。据业界公认的史实，1877年爱迪生对留声机的发明创造可以说是音乐产业化的肇端，这样算来距今也不过130年的时间（芮明杰等，2005）。

在中古时期以及中世纪时期，音乐的载体仅有现场表演一种形式，无论是器乐演奏、歌舞、戏剧或者唱诗。此时，音乐行业没有产品的概念，也就没有产业的概念。或者应当说，在留声机发明之前音乐行业从业者的商业模式比较特殊且单一。地位较高的音乐行业从业者，如宫廷乐师、教会唱诗班，依靠权力部门的供奉为生；而没有权利背景的从业者，如中世纪欧洲世俗音乐的流浪艺术家、中国的戏班，通过不断的跨地域的表演获得收入（曹克勇，2007）。最早音乐产业的商业模式是通过出售投币点唱机与会讲话的洋娃娃加以实现。随后批量生产的留声机和可复制的唱片，使音乐行业批量地出现音乐产品的复制品，同时也诞生了非音乐创作者或表演者的从业人员，这些从业人员仅依靠音乐产品的复制品的发行和销售获取收益。正如印刷术引致了文学作品的版权问题一样，留声机的出现也引致了音乐作品的版权问题。磁带的出现带来的是更廉价的音乐作品的复制品，也标志着唱片的黄金年代渐渐流逝。录音机和磁带在替代留声机和唱片的同时，使“音乐创作—出版发行—分配销售”这一商业模式在音乐产业内更主流化。随身听和 CD 的重大发明，是音乐产业腾飞的标志性事件，但前者通过改善音乐播放器音乐作品的互补品来扩大音乐产品的受众面；后者通过提高音乐播放的音质音乐作品的载体来提高音乐产品消费者的顾客感知价值；两者没有根本性地改变音乐产业的主流商业模式，仅仅起到强化的作用。此外，索尼推出的 MD 和无损音质压缩格式的 ATRAC，将 CD 的高音质和随身听的便携性结合起来，满足了音乐发烧友的要求，但没有改变音乐产业的商业模式。真正可以称为当代传统唱片商业模式颠覆者的是 MP3，一种文件压缩编码技术。互联网的蓬勃发展，使得 MP3 成了网络上流行的音频压缩格式。由于 MP3 技术的相对开放性，结合 PC 的多用途性和互联网的便捷性，使得拥有 PC 的个人用户可以近乎零成本地复制音乐作品。随着互联网的发展和个人电脑的普及，“创作—出版发行—销售”的唱片产业传统商业模式逐步被替代，并掀起了一场音乐产业的革命。

国内外已有不少的论著介绍音乐产业运作过程。芮明杰等（2005）以美国音乐产业为研究对象，对技术冲击下的音乐产业演化过程进行了较为深入地分析。安盟（2003）的《现代音乐产业概述及音乐企业管理》和宗晓军（1999）的《音乐商业的秘密》，这两部作品的立足点是音乐产业的微观细节和法律条文。阮弘（2003）在《谈音乐商品化在现阶段中国社会的运用》中给出了音乐商品的定义：音乐商品是音乐这种艺术品种进行社会传播的媒介物质化，是精神劳动的物质化和价值化，即音乐与音乐载体的综合，且参与市场交换的劳动产品。杨林(2003)在《广播、流行音乐和唱片工业》一文里，分析了音乐的传播媒体变化的过程。法国的贾克·阿达利(1995)在《嗓音——音乐的政治经济学》中，对音乐的商品化进行了研究。他研究了音乐排行榜诞生的由来，并认为在音乐彻底商品化的情形下，排行榜是有水分的。

音乐产业与音乐交易的经济特性包括：

第一，根据音乐交易的情况，消费者购买音乐，实际上交易的是音乐的使用权，仅获得了使用这个音乐的许可，而音乐出版商则保留享有音乐的全部权利。与此同时音乐使用权的交易一般有法律或协议上的一些约束条件，例如：未经该音乐著作权人或者其合法受让者的同意，不得向任何第三方提供使用音乐。这个使用权是一定范围下的使用，就是说音乐的交易形成了产权的分离。每售出一份音乐作品，音乐厂商就有一部分产权(例如复制的权利)被分离到购买者手中，音乐厂商还必须在音乐销售之后，去限制购买者的行为，一旦这些限制不足，无形中音乐作品会变成公共产权。购买一首音乐后，可以在多台播放设备上使用，唱片公司也不可能根据音乐的使用情况来收费。这会使使用较少的客户不愿意购买音乐，而偏向于向人借用或租用，或者几个人共同购买。近年来随着互联网的快速发展，在很多网站上都有可以免费下载音乐，大大地扩大了音乐的传播广度。

第二，数字音乐的成本结构，如同一般信息产品所拥有的成本特性，即生产初期具有较高的开办成本(initial cost)，然而后续再制的变动成本则接近于零(Shapiro & Varian, 1999)。对于数字音乐而言，虽然音乐内容取得的方式与传统唱片无异，但使用数字化的转档方式，除有效降低了传统唱片或CD的压制与后续再制成本外，经由因特网的扩散，更进一步减少了过去传统唱片的销售成本(distribution cost)，如通路、广告费用等(Peitz & Waelbroeck,2005)。Alexander(2002)回顾了音乐产业中数字分配和市场结构的关系问题，首先对音乐产业的历史作了简要的概括，之后介绍最近数字技术的发展与近期的法律案件，并得出结论：产业中的厂商通过法律机制抵制文件分享将面临递增的成本，产业中的主要厂商在控制产品的再生产和分配的可能要面对重要的差异。透过一般性信息产品的定价模式设定，学者 Domon 与 Yamazaki(2004)利用消费者愿付价格与交易成本间的关系,解释在无偿分享环境下的数字内容商品定价方式。但由于在线音乐市场受到盗版与侵权下载的影响,使得在定价问题的决定因素上需进一步考虑产业在无偿使用下之影响,因此 Chellappa 与 Shivendu(2003)从盗版管理的角度,建构在消费者具有高低不同愿付价格下的定价模型,透过消费者的线性效用函数与道德成本的观念,推导音乐商品在不同内容性质下的最适价格,并说明盗版商品亦可视为在购买合法商品前的一种经验商品。

第三,标准化与网络外部性。对于信息产品而言,标准化(standardization)是产品成功与否的关键之一,在此标准化指的是规格、协议或使用上的一致性,并获得消费者广泛使用的意愿(Varian, 1995)。当产品能够取得市场标准化,则其在竞争上即取得较高的优势,对于使用者而言,信息产品的标准化即成为使用者愿意购买产品的另一项依据。在 MP3 档案压缩格式未成为一致性的标准之前,音乐仍需借由载体进行使用,范围也仅限于影音设备。当 MP3 受到消费者广泛的接受与技术应用后,此一标准化格式也使在线音乐迅速发展,使 MP3 档案成为在线音乐的代名词,并引领后续许多外围应用商品的产生,带动市场消费动向的发展(洪志洋等,2006)。

③文件共享对数字音乐分配的效应:理论分析

经济学家们在考察文件共享对数字音乐分配的效应时,都基本公认文件分享会对数字音乐分配产生正效应和负效应两种不同的效应。具体而言,所谓的负效应是指消费者通过网络下载音乐替代了对正版音乐的购买,减少了音乐产品的销售;所谓的正效应是指消费者在通过网络下载音乐后,反而选择符合偏好的正版音乐进行购买,从而增加了音乐作品的销售。对于正效应的形成原因,经济学家有不同的解释,主要概括为样本效应、网络效应或是间接获利等原因。围绕着这两种效应的成因与总效应的情况,经济学家对文件共享与数字音乐分配问题展开了讨论。

第一,样本效应。样本效应是指网络下载音乐使得消费者对潜在的音乐作品更为熟悉,并因此选择符合偏好的正版音乐进行购买,从而增加了音乐作品的销售。Patrick Waelbroeck 与其合作者从该角度写了一系列论文探讨文件分享的样本效应问题。Martin Peitz 和 Patrick Waelbroeck (2005)一般认为免费下载数字产品对创作者和中介者不利,因为消费者不会购买销售版本。但是该文中他们认为这种负效应可以也可能被另外一种正效应所过度补偿，这主要源于样本效应：消费者愿意支付更多因而产品性质与买方偏好之间的匹配被提升了。这种效应要在偏好有足够的异质性和产品有足够的差异性的情况下才会发生。其实该文提供了一个文件分享增加厂商收益的充分必要条件。

Anne Duchene 和 Patrick Waelbroeck(2003)认为 P2P 技术往往被当作是对版权所有人的威胁，因为他们通过使数字复本更容易得到而导致了侵权。相应的，唱片公司会实施对原版的技术保护，并要求加强法律保护。但 P2P 技术代表的是一种新的销售渠道，无固定成本，无广告支出，而消费者要忍受搜索成本和下载或检测并作出购买决策的费用。他们根据法律保护程度决定版权所有人保护和分配策略，此外还研究了这些策略对利润和消费者剩余的影响。Anne Duchene 和 Patrick Waelbroeck(2004)则从新的角度来考察了同样的主题。他们把传统分配形式当作信息推动型技术，厂商负责提供信息给消费者。而 P2P 是信息拉动型技术，消费者通过寻找、下载和测试复本花费资源从而获得他们有潜在兴趣的产品信息，然后作出购买决策。在此分类的基础上，他们又一次提出根据法律保护程度进行保护决策，并研究两种不同的信息传递技术对利润和消费者剩余的影响。得到的结论为：在信息推动型技术下，技术保护程度是法律保护程度的增函数；对原版的需求和最优定价是版权保护的增函数；最优利润是法律保护程度的增函数；增加法律保护会降低消费者剩余。在信息拉动型技术下，技术保护程度是版权保护程度的减函数；版权保护程度的增加减少了厂商通过信息拉动型技术传播产品的利润；版权保护程度的提高对消费者剩余有两个相反的效应：一是减少了源于复制的社会损失，二是减少了买方的剩余。

第二，网络效应。早在 20 世纪 90 年代初期经济学家就开始注意到软件市场上存在网络外部性(network externality)的现象。当一种产品对一名用户的价值取决于该产品对别的用户的数量时，经济学家说这种产品显示出网络外部性或网络效应(network effect)(Shapiro 和 Varian，2000)。但 Liebowitz 和 Margolis(1994，1995)分别撰文论述网络外部性与网络效应的区别。他们认为网络效应是普遍存在于经济体中的，而网络外部性是特殊的网络效应，存在于“网络参与方交易的未开发的收益均衡中”，它会导致市场失灵，但不如网络效应普遍。Katz 和 Shpiro(1994)也接受了网络效应和网络外部性在理论上的差异，但他们不同意两者在应用上的差异，并认为真实的网络外部性比 Liebowitz 和 Margolis 所说的更普遍。而其他学者的文献如 Economides(1996)、Klausne(1995)继续使用网络外部性的概念来包含所有的网络效应。

Jeevan Jaisingh(2004)研究了侵权下载对音乐销售的影响以及音像公司应该采纳的增加利润的策略。发现当厂商销售可下载版的作品时，总的音乐销售量和厂商利润越高，总的侵权(对文件分享网络的需求)就越低。他还考察了厂商对数字权利管理(DRM)保护的最优选择，当增加保护时收益减少，所以在不存在网络效应的时候，厂商最优的选择是不用数字权利管理。听被数字权利管理的音乐或是看被数字权利管理的影碟，对使用者而言很麻烦。他们不得不下载许可文件，文件复制的次数还有运行文件的装置类型都是受到限制的。这对合法消费者而言是一种效应损失，由此厂商只能收取较低的费用。降价所引起的收益损失不能补偿需求增加，所以高的保护程度减少收益。当网络效应较高时，且名义的搜寻成本高于一定的上限，那么非零保护成为最优选择。这个结果与 Conner 和 Rumelt(1991)的文献结论不同，Conner 和 Rumelt(1991)认为，缺乏网络效应时保护是最优的，如果网络效应足够高，零保护是最优的。

第三，间接获利。“间接获利”(indirect appropriability)这一术语最早是由 Liebowitz(1981)提出的，主要是指原版厂商可以间接地从没有购买原版作品的使用者身上获得收益的能力。简单地说，复制对原版作品的需求量有两个影响：一是部分消费者购买复制品不购买原版，使需求量下降；另一方面，复制者购买原版作品作为复制的样板又使得需求量增加。如果消费者购买原版用于复制而非私人消费，则由于价格歧视使得原版厂商可间接获得复制的利润。因此在间接获利的情况下，原版商品的购买者在决定他们对原版的支付意愿时会将复本的价值考虑在内。那么，商品生产者就能够通过收取高价，比不复制时获得更多的利润。Liebowitz(2002)将此概念引入文件分享案例中进行分析。

④文件共享对数字音乐分配的效应：实证分析

经济学家们认识到，这种文件共享所产生的外部性对数字音乐分配带来的复杂效应很难通过理论分析来作出统一的判断，那么实证研究的工作就显得举足轻重。因此，部分经济学家开始采用数据的实证分析方法来考察网络技术和P2P技术对原版CD销售数量的影响。从分析的内容上看，可以从两个角度切入：一是在线(on-line)侵权行为的影响；二是离线(off-line)侵权行为以及音乐下载的影响。从分析时所采用的数据看，可以分为基于调查研究的分析、基于比较研究的分析与基于产业研究的分析。

第一，基于调查研究的分析。Oberhozer和Strumpf(2004)认为互联网大幅度地降低了复制信息产品的成本，并对知识产权保护的降低提出了严酷的考验。他们考虑的是文件分享和其对音乐合法销售的影响。$S_i = X_i\beta + \gamma D_i + \mu_i$，其中，$S_i$是可观察的销量，$X_i$是特征向量，$D_i$是下载的数量。他们认为下载对销售确实存在影响。此外，这些经济变量适度重要，这与某些观点认为近期的音乐销售下降主要是源于文件分享的观点有些不一致。Blackburn(2004)指出，自从有了Napster，文件分享对音乐产业的影响问题就成为争议的焦点。通过文件分享网络获得的歌曲对随艺术家不同而产生的不同销售量产生两种竞争的效应。第一，有一种直接的替代效应会减少销售，因为一些消费者下载后就不再购买；第二，有一种渗透效应会增加销售，因为艺术家作品的传播会增加艺术家的知名度。第一种效应对已经成名的艺术家而言较强，第二种效应对未成名的艺术家而言较强。相对于未成名的艺术家而言，文件分享减少了成名者的销量。在估计文件分享效应时考虑到这种异质性对这种分配效应提供了有力的证据。此外，他还发现了一种极大的加总的反向效应，这在以前的文献中没有出现过。因为以前的文献都没有考虑到艺术家成名度的高低会产生不同的影响。因此体现出来的总效应是反向效应，原因在于音乐文件销售中占绝大多数的销量是出自已经成名的艺术家之手。

Fabrice Rochelandet和Fabrice Le Guel(2005)运用实证方法研究了P2P网络复制者的行为，主要是结合收集到的多于2500户法国居民的调查数据，采用有序Logit模型进行分析。当复制品可以获得时，复制行为显然与为原本支付的意愿反向相关。但是个人也会根据他们社交圈和他们关于复制的知识来做决定。此外，他们通过搜寻不同的内容而激发兴趣；但是他们对艺术家的利益也十分关注。此外作者还考虑了关于复制音乐、电影的反复制政策的有效性。

Tatsuo Tanaka(2004)运用2004年来自于日本的数据估计了文件分享系统对音乐CD销售的影响。日本的文件分享系统Winny与相关文献中的一个地址的文件复制系统相比几乎完全分散且高度匿名。所以日本使用者可以下载音乐文件而不用担心法律纠纷。该研究的目的在于考察在这样一个对非法复制友善的文件分享系统中，文件分享对音乐CD销售的效应。基于微观的CD销售数据和下载数量的数据，发现在日本几乎没有证据表明文件分享减少了音乐销售数量。

Norbert J. Michel(2003)认为第一个文件分享软件Napster在2001年被关闭，但是复制技术对音乐产业的影响仍然被热烈的讨论。该文发展了一个简单的艺术家和消费者的互动理论模型，艺术家创作作品、灌制录音然后分配销售，消费者也可以选择复制音乐作品而不去购买。该模型提供了可测试的价格和需求方程，表明文件分享可能被原先不在音乐市场的消费者所采用。并运用来自于消费者支出调查的家庭层面数据进行实证分析结果支持原假设。

第二，基于比较研究的分析。Martin Peitz和Patrick Peitz于2004年撰写了一系列文章分析音乐下载对现在CD销售的影响。他们提供了2000年至2001年跨国数据支持音乐产业互联网侵权导致的损失。$n = 16$，代表16个国家，$t = 2000, 2001$，表示两个时期。$y_{i,t}$是国家$i(i = 1, \cdots, n)$在t期CD销售数量的对数。$z_{i,t}$是互联网侵权变量的对数形式。$x_{i,t}$是$k \times 1$型向量，是国家$i(i = 1, \cdots, n)$在t期的控制变量的对数形式。于是，$y_{i,t} - y_{i,t-1} = (x_{i,t} - x_{i,t-1})'\beta + \alpha(z_{i,t} - z_{i,t-1}) + \varepsilon_{i,t}$。$\varepsilon_{i,t}$是随机干扰项，均值为0，方差为$\sigma^2$。$\alpha$和$\beta$是估计参数。对于美国来说，他们也运用详细的调查数据评价了互联网侵权的潜在损失。并得出结论，用实证分析预测2002年CD的销售量。结果表明，互联网侵权是导致2001年CD销售量下降的重要因素，但对2002年的后续下降没起到太大作用。在其他的文章中，他们还运用1998—2002年的截面数据分析音像产业中由于互联网侵权所导致的损失，结果表明互联网侵权在早期文件分享网络的音乐销售的下降中起到重要的影响。

Kai-Lung Hui和I. P. Png(2003)考察了离线侵权对CD需求的影响。他们运用来自于IFPI(国际唱片业协会)、BSA(商业软件联盟)、SIIA(软件与信息行业协会)1994—1998 年 28 个国家的国际数据，检测了原版需求随着侵权行为的发生究竟是增加还是减少。他们发现侵权对合法的销售产生负相关的重要影响。而且人均损失达到每单位 0.10，比 IFPI 的数据还要低 42%。这表明，负效应(但是这种效应的水平要小于产业所估计的水平)的强度大于正效应(因为样本效应产生的对 CD 需求增加)的强度。

第三，基于产业研究的分析。Liebowitz(2003)试图评价在线侵权对音乐产业的影响效应。他考察了截至 2002 年的近三十年来，来源于 RIAA(美国唱片工业协会)的美国唱片业销量数据。并认为现有 CD 销售量的下降与文件分享技术的出现有关。他没有考虑收入和 CD 本身价格等因素的影响。得出的结论是，如果在音乐下载或在线使用时没有使用直接信息，那么 MP3 下载对唱片业的影响巨大。Zentner(2003)集中分析了音乐产业，估计了在线音乐侵权对音乐销售的影响，主要运用的是两大数据库的资料：欧洲个人层面的跨地区的多于 15000 人从 2001 年 10 月份开始的调研数据和 1997—2002 年各国音乐销售的截面数据。微观数据表明，人们在线下载音乐后仍然可能购买音乐产品。但是，很难同时将用 P2P 技术下载的人们与短期内在线侵权之后购买的人们区分开来。为了达到区分的目的，他将使用宽带和互联网链接作为 P2P 技术的使用。结果表明，P2P 使用者侵权对音乐销售的影响概率从 35%上升到 65%，这也解释了为何音乐销售从 7.8%下降到 14.5%。

经济学家对于文件分享和数字音乐问题的争论将会继续从理论和实证两个层面进行发展。理论的层面仍将集中在正效应的解释中，而实证层面的研究将可以细分考察各种效应在不同人群中产生的不同影响。由此，在研究中，可以对消费者进行分类，分为使用网络的消费者和不使用网络的消费者，发烧友型的消费者和普通型的消费者，探讨不同类型的消费者对两种效应的不同反映。也可以对供给者进行分类，分为著名艺术家、普通艺术家和未成名艺术家，探讨两种效应对不同供给者的不同影响。

3.3 版权管理的经济学理论

版权人有三种方法可以实现其对作品的版权管理。第一种情况是作者个人行使权利进行管理，他们把作品复制印刷后投入市场，并根据市场需求状况确定价格，回收成本以便重新投入创作。这种情况在现代版权制度中逐渐减少，随着技术进步和社会分工的细化，作者、编辑者、印刷者和出版者进行了分离，作者需要聘请有经验的代理人为其去与使用者交涉，于是出现了第二种情况，即代理人行使权利。在当今的版权社会中，音乐代理人是最为普遍存在的。发生在这两类情况中的版权管理问题，主要是版税问题。作者本人或是代理人自然可以就作品的使用方式、使用条件与个别使用者进行谈判，但是当使用者的情况比较复杂，如遇到背景音乐、报刊转载、电台和电视台播放等情况时，即使是代理人也难以行使版权与众多使用者进行许可谈判并逐个收费。当面对这种情况的时候，就需要信托人为其行使版权管理，通常的做法是由作者授权的版权集体管理组织来管理版权。

3.3.1 版税制度

版税(royalty)制度是图书出版中关于出版社如何向作者支付版税稿酬的相关制度。图书版税制度可以看做是一系列构成制度的共同体，其中包括：作者许可制度、协约制度、抽成制度、分期付款制度以及代理制度等。[①] 作者是作品版权的自然持有者，出版社使用作者版权，必须征得作者许可，并且支付适当的报酬，所以版税也称版权使用费。作者所持有的版权是一种经济资源，借此作者可获得源源不断的收入，这种行为类似于古代王室的征税行为，也是“版税”(royalty，原意为皇室)一词的本义。版税这种稿酬形式，形成于 19 世纪初期的欧洲。18 世纪的独立出版商约翰·默里(John Murray)建立的出版社中至今仍保留着当时英国古典诗人拜伦和进化论理论家查尔斯·达尔文的版税声明。我国最早的版税合同为严复与张元济于 1903 年(清光绪二十九年)所签。严复因此书不仅获得高达百分之四十的税率收入，而且对该书质量与发行数量享有监督权。学者们从合同的角度分析和探讨了作为作者策略的版税合同是否是有效的合同形式。

Watt(2000)在其著作的第三章中研究了最优的线性版税制度。他假定，创作者接受一个版税制度，是与原版销售数量线性相关的 $R(\lambda) = \lambda x^{o}(\lambda)$，其

① 汤林弟.论作者版税制度.出版科学，2004(6)。

中，$x^{o}(\lambda)$ 表示原版生产者在两阶段中的总销售量。先考虑在无盗版存在情况下的最优版税参数，然后再进一步考虑盗版者存在对原创者最优版税策略的影响。他的分析是基于其著作的第二章关于版权侵权的模型①之上的。在前述的垄断厂商生产原版作品的两阶段定价分别为：$p_1(\lambda)=\frac{2+\lambda+c}{4-k}$，$p_2(\lambda)=\frac{kp_1(\lambda)+\lambda+c}{2}$。由此得出，作者的版税收入为：$R(\lambda)=\lambda[x_1(\lambda)+x_2(\lambda)]=\lambda\left[\frac{1-p_1(\lambda)}{b}+\frac{kp_1(\lambda)-p_2(\lambda)}{kb}\right]=\left(\frac{\lambda}{kb}\right)[k-p_2(\lambda)]$。对该式分别求一阶和二阶导数，当令一阶条件为0时可以得出：$\lambda^*=\frac{-k^2+3k-2c}{4}$，并且 $R''(\lambda)=\left(\frac{1}{kb}\right)\left[k\left(\frac{3-k}{4-k}\right)-1\right]<0$。于是，推导出一个结论，当原版生产者不面对侵权威胁的时候，最优版税的参数与需求的斜率 b 无关。他还考虑了双寡头的情况，此时盗版者可能被排除在外也可能被容纳在内。于是得到可能的第一阶段价格为：

$$p_1^*(\lambda)=\frac{2+\lambda+c}{4-k}\text{，}\hat{p}_1^*(\lambda)=\frac{9+9b+5\lambda+7c}{18-2k}$$

相应的版税收入为：

$$R[\lambda,p(\lambda)]=\left(\frac{\lambda}{2b}\right)\left[2-p_1(\lambda)-\left(\frac{\lambda+c}{k}\right)\right]$$

$$\hat{R}[\lambda,p(\lambda)]=\left(\frac{\lambda}{3b}\right)\left[3-2p_1(\lambda)+3b-\left(\frac{2\lambda+c}{k}\right)\right]$$

此外，Watt(2000)还考虑了在非线性条件下，作为风险分担机制的最优版权合同。Jorge Alonso 和 Richard Watt(2003)也类似地探讨了此种版税情况。他们认为，习惯上版税是根据销售的特殊比例来设置的。但这种安排和设置究竟是否是有效的，这个问题值得深究。特别是，他们发现在现实的情况中，创造的作品的最终销售所产生的版权收入是决定于风险的。要保证固定比例版税对合同双方(创作者和出版商)都是有效的，只有当他们有固定的和共同的风险厌恶态度。除此之外，最终选定的合同还依赖于讨价还价的过程。在固定和共同的风险厌恶情况下，在纳什讨价还价博弈

① 在本综述的传统版权侵权部分已有论述。

模型中，版权收益根据相应的创作者和出版商的谈判能力按比例分配。

Ruth Towse(1999)挑战了传统的版权经济学假定——出于简化模型的目的往往将作者和出版商假设为目标一致的。但事实上，很显然两者的利益是不同的，有时甚至是冲突的。出版商的目的在于利润最大化，而对作者来说，只要版税是足够的情况下，他们会追求规模最大化。为了深入研究此问题，Ruth Towse 探讨了版权市场的支付系统。一种是纯版税(pure royalty)合同，可以共享风险，但交易成本较高，作者和出版商鉴于市场会加强合作。另一种是买断(buy-outs)，风险归出版商，交易成本较低，但双方合作较弱。如果信息充分，无交易成本，有相同的风险态度，这些选择带来的结果都是相同的，但是，事实却并非如此。此外，还有一个影响选择的重要因素是“名誉效应”(reputation effect)。这个效应之所以会产生，是因为作者后续作品会为他的早期作品扩大需求，这导致了作品为他们完整的系列寻找连续支付。如果此效应比较强的话，会促进大多数作者选择版税合同，即使他们的时间和风险偏好都倾向于认为买断是最优选择。对出版商而言，他们倾向于买断，因为交易成本低。有时因为风险分享和名誉效应，出版商们也会选择版税。支付体系的不同，意味着双方会存在讨价还价，双方支付都有经济理性。

3.3.2 集体管理制度

由信托人代为行使权利的版权集体管理制度(copyright collective administration)是当代版权法的一个重要组成部分，被欧洲、美国、日本等知识产权大国公认为是版权保护和利用方面最佳的一项制度。我国在 20 世纪 90 年代引进该制度，并在 1992 年成立了第一家版权集体管理组织——中国音乐著作协会。版权集体管理制度是指通过一个机构或一种组织——其主要职能是作为一个结算中心：一方面有许多人想获得使用版权作品的权利，另一方面有一批版权人将他们的权利转让给这个中心——来管理的制度。管理的方式是中心与使用者签订年度的使用许可证。这样，管理成本就得到了节约。1777 年法国著名剧作家傅马舍倡议建立了世界上第一个版权集体管理机构——法国戏剧作者作曲者协会(SACD)，因此傅马舍也被称为版权集体管理制度之父。著作权集体管理制度至今已有两百多年的历史，经历了两百多年的洗礼，该制度在世界遍地开花结果，很多国家都先后建立了著作权集体管理制度：如美国的词作家、作曲家、音乐出版商协会(ASCAP)，日本的音乐著作权协会，英国的表演权协会(PRS)，德国的音乐作品表演权、复制权集体管理协会(GEMA)，以及中国的音乐著作权协会[①]。我国著作权法实施条例第五十四条规定，著作权人可以通过集体管理的方式行使著作权。

学者们大多是从交易成本减少的角度来考察版权的集体管理制度。中山信弘(1995)认为由版权的集体管理机构代理版权的交易，可降低交易对手的搜寻成本，并且由于专业化代理，还可降低发现价格的成本以及签订合同的成本。此外版权法中的集体管理制度有助于降低履行费用。Hollander(1984)则总结了版权集体管理制度的功能：①他们授权许可别人使用他们收藏的创作作品；②他们相互协商一起征收版税，并在成员中进行分配；③他们对侵犯他们持有的版权的人共同采取法律行动。传统经济理论包括Hollander(1984)以及Besen，Kirby和Salop(1992)，对集体管理制度的研究都是以这三个职能为基础的，主要研究集体管理制度的有效运行，集体管理机构的最优规模和对于社会来说的集体管理机构数量问题。Watt(2000)在其书的第六章专门论述了版权集体管理的经济理论。他在Besen，Kirby和Salop模型(简称BKS模型)的基础上，发展了三种情况下的不同模型来分析和探讨集体管理制度。分别是只存在一个集体管理机构运作，有两个集体管理机构但形成存在两种可能，一是同时形成的，另一种是连续形成。主要结论是：三种情况下都没有达到社会最优的市场歌曲的数量。社会从版权管理中得到交易费用降低的好处，但是没能完全补偿市场力量带来的社会成本。由于版权管理制度不是在社会最优的层面上运作的，因此有必要对其进行管制。他相应地讨论了版权集体管理的管制过程中，存在的几个问题：空白许可、许可定价以及集体管理成员间的利润分配问题。Arthur Snow和Richard Watt(2002)认为版权集体管理是个体版权持有人为了节约交易费用而参加在一起的组织，它存在于个人权利的市场中。然而，交易成本的节约并不是版权人能够从集体管理制度中得到的唯

---

① 徐卉.著作权集体管理相关问题研究，http://www.chinalawedu.com。

一益处。版权集体管理能够提供给成员净收益的分配，这与版权人单独行动相比能给予每个成员风险的分担。版权集体管理的这方面益处往往被忽略，因此该文就试图分析版权集体管理能带来但目前没有带来的风险分享的益处。

3.4 本章小结

版权经济学研究在沉寂了一段时间之后，于20世纪70年代才开始出现一种持续增长的现象。并且随着法律经济学研究的发展，逐步达到高潮，因而笔者将此阶段称为版权经济学的复兴时期。如果需要数据证明的话，不妨参看Towse和Holzhauer汇编的知识产权经济学代表文献，文献中共收录了自20世纪30年代以来的以英文发表的论文89篇。其中，20世纪30年代的2篇，都是普兰特的；50年代3篇；60年代1篇；70年代6篇；80年代38篇，90年代39篇。可见，70年代以后才是版权经济学的黄金时期。继普兰特之后，包括布雷耶、波斯纳、兰德斯等一大批著名经济学家从主流经济学角度开始研究版权制度。经济学家分析版权问题的方法主要有以下三种：在初期，Plant、Hurt和Schuchman以及Breyer等人，进行研究时都是从案例入手，特别关注版权在刺激作者供给方面的动态激励问题；到了中后期，Novos和Waldman、Johnson以及Posner和Landes采纳了一般均衡福利分析方法，运用比较静态分析模型来考虑受版权法保护后的市场的理论效应，这种方法的优点是强调表达的固定成本（写书或录制磁带）和制作复制品（合法或非法的）的边际成本的关系，而这类模型的缺陷是简单的假定了对作者和出版商作品的激励是与生产社会需要的产出相一致的；经济学家研究版权的另外一种方法是考察版权的执行和实施。在整理出版权的经济分析的一个发展脉络之后，有必要对几个主要模型进行比较，比较结果见表3-1。

表 3-1　主要模型比较表

	复本的替代性	复本复制的成本	社会福利效应	评论
Novos & Waldmann (1984)	完全替代	根据消费者的不同而不同	生产不足会减少社会福利，没有考虑利用不足的问题	生产者决定质量
Johnson (1985)	完全替代	根据消费者的不同而不同	短期由于复制，消费者剩余增加，原版厂商利润减少，但较低的利润会阻止厂商生产新的信息商品	由于产品性质的不同，模型也不同
Landes &Posner (1989)	完全替代	递增	每复制一件作品，社会福利增加但厂商利润减少，所以长期福利效应不清楚	提出了“表达成本”
Besen & Kirby (1989)	完全替代或不完全替代	固定或增加	由于固定的边际成本，版权保护会减少消费者剩余，增加厂商利润。总福利效应不确定。长期效应没有考虑	复本是可共享的，且只考虑了短期的情况
Koboldt (1995)	不完全替代	固定且高于原版	版权保护在短期内会增加利润降低消费者剩余。版权保护应在一个程度上，高于这个标准总福利就会减少。在最小和最大之间可以找到最优保护程度	给出了版权保护程度的范围
Takeyama (1997)	不完全替代	固定，可能等于原版，也可能不等于原版	没有考虑社会福利效应	只考虑了短期内，两种消费者类型的情况
Kiho Yoon (2001)	不完全替代	消费者的复制成本随版权保护程度的增加而增加	版权保护的增加会对社会福利产生双重影响：一是由于利用不足会带来社会福利损失的增加或减少；二是因生产不足带来社会福利损失	对社会来说，最优程度的实现依赖于厂商开发成本的分配

4 激励与接入的均衡

版权立法的首要目的是界定相关权利，保护知识原创者的合法权益；同时又要规制产权交易，促进知识的广泛传播与使用，并达到激励后续创新的目的。版权的保护作者权利和维护公共利益双重立法目的是相辅相成的，可以基本归结为“激励与接入”的一种均衡关系。激励与接入的困境是版权制度最根本的问题，本章在阐述激励与接入内涵的基础上论述困境产生的原因，并从三个层次概括和归纳出激励与接入的均衡。

4.1 激励与接入的内涵

作为激励机制的版权法必须以维护作者权利为核心，确立作者在版权法中的主导地位，用以激励作者的创作活动。作为平衡机制的版权法必须保障公众对版权作品中的思想和表达的获得和使用。

4.1.1 激励的内涵与作为激励机制的版权法

所谓激励，就是版权法必须以维护作者权利为核心，确立作者在版权法中的主导地位，用以激励作者的创作活动。将文学、艺术、科学作品视为一种财富、一种劳动产品，并将其视为是作者的一种财产权，承认作者对其作品拥有所有权和使用权，是现代版权制度的核心。诺思曾经说过，“有效率的经济组织是经济增长的关键……有效率的组织需要在制度上作出安排和确立所有权以便造成一种刺激，将个人的经济努力变成私人收益率接近社会收益率的活动”。版权所赋予的所有权的产生，在于作者智力劳动的价值性，也在于作者创作出了能够为作品使用人和社会带来直接经济价值的智力作品。作者的智力创作是一种创造价值的生产性活动，也是作品能够成为社会财富和个人财产的组成部分的重要原因。作为激励机制的版权法，主要体现在三个方面。

(1)确立作品的财产权

作品是一种智力成果和精神产品,但是同时它也可以被商业化利用,给创作者带来收益。版权法将作品的全部价值赋予权利人,版权所赋予的权利可以分为精神权利和财产权利。在两者中,较为重要的是赋予特定主体对作品的商业化利用的专有权利,也即一种财产权利。美国的学者们根据他们的宪法精神,认为版权法之所以要赋予权利给创作者,目的就在于给作品的创作者激励,用以鼓励其创作。但是,德国的学者们则将版权法的基础归结为四个层面:一是智力劳动的创作者有权要求获得由于作品的利用而产生的经济效益;二是精神财富的创作与传播需要一定的投资,需要投入大量的时间、劳动、精力以及财物等,投资应当有利可图;三是创作活动为文化的发展作出了贡献,因而应当得到支持或是奖励;四是智力创作活动有助于社会共同生活,履行社会在文化方面的任务,这种行为应该受到奖励。由于不同国家对版权法的存在基础认识不同,各自对于版权所赋予的权利归属也是不同的。主张作者权的一般认为,作品的原始归属只能属于创作者本人;而主张作品版权的则认为,作品的权利应当归属于经济上风险的承担者,例如电影制片人。

作品本身的价值在于其思想和内容的创新,体现在对全社会文化艺术、科学技术以及思想学术等方面的贡献。但这种价值不是因为创作就自然存在或是出现的,而是需要通过社会的接入与了解,消费和利用,才能发挥出其价值。要实现作品的价值,必须依靠作品复制品的传播,只有通过复制品的传播才能使得作品到达社会公众层面,才有可能体现价值。除了个别的艺术作品需要原件外,一般而言,版权对作者的激励来自于将自己的作品制作成复制品或是副本向公众销售所产生的收益和回报。版权法赋予作者一系列的财产权利,只是为作者商业化利用其作品获取回报时提供保障。总之,版权赋予并保护作者通过作品获利的权利,这种财产权利既是对作者创作的激励,也是独创性文化市场或是文化产业的基础。

(2)实现作品的商业化

作品的创作是一种智力活动,创作的结果是文化、科学、艺术作品;而作品的商业化利用则是将作品加工复制成文化产品并提供给公众的过程,是一种商业行为。商业化制作将文化成果转化为一种产品——信息商品。以书籍出版为例，作者的底稿只是作品，经由出版社加工并印制成书；而书是文化产品，是一种可以当作商品来销售和转移所有权的产品。作者独创性的智力劳动创作出了作品，出版社则是通过投资和加工劳动使得作品成了商品。当然，出版社的加工劳动除了体力劳动之外，在一定程度上也包括附着智力和技术的劳动。

尽管作者可以复制和向公众商业性地提供作品，并从中获益，但是作品商业化利用的最主要方式是作者将作品授权许可给专业组织使用，由专业组织完成作品的商业化利用，同时给予作者一定的报酬。总之，作品到产品的转变需要依靠和借助商业化运作的过程来实现，商业性向公众提供文化产品是作者实现经济利益的主要来源，也正是由于这样的商业化运作，才构成了文化产业或是版权产业的出现。

(3)规制相关的版权产业

作品从创作到传播到消费，创新思想从作者到传播者到社会公众，在这一系列的过程中形成了一个产业——版权产业。而版权法的目的除了激励原创作者和传播者以外，也要对整个版权产业进行规制。美国的 Patterson 教授就曾经指出，版权具有“财产性和规制性双重基础”。版权法从这个角度看就是一部行为法，可以调整从作者到消费者各个环节的主体，甚至还调整不特定的公众，具有行为规范的功能。首先，可以创设财产利用秩序，一切的经济活动都是从版权人的作品开始的；其次，规范版权权利人与社会公众的关系。

版权法在作品创作行为方面的规制，与其他知识产权法相比应该说是比较低的。版权法保护的重心是表达形式，即使对于相同的思想只要是不同的表达，都是可以容忍的。因此，版权法其实只是创作行为的底线，仅仅要求不抄袭。版权法在作品流转行为方面的规制作用更小。因为作品转换为商品的过程，也就是商业化的过程只是一个复杂的商业运作过程，可根据商业合同进行规制，但是版权法却是这些所有商业安排的基础。版权法在作品传播行为方面的规制，主要依靠的是版权中的邻接权的相关规定。邻接权专门用于保护那些独创性不高，但是又与作品存在一定联系的劳动成果，其实质是对文化产品相关的投资和劳动进行保护。可见，邻接权保护的是作品的传播者，使作品更好地传播，所以它是鼓励作品传播的重要制度。

版权法在作品消费行为方面的基本规制要求是，社会公众需要尊重版权人的相关权利。

4.1.2 接入的内涵与作为平衡机制的版权法

所谓接入，就是公众对版权作品中的思想和表达的获得和使用。公众能够接触到版权保护的作品，是实现版权法宗旨和目的的重要途径。接入作品的形式多样，可以部分的接入也可以是部分的不可接入。社会公众所接入到的是作者在作品中的表达，通过对表达的接入进而深入到对作者思想的接入。这里的社会公众除了一般意义上的使用者，还包括作为未来作者的作品使用者，也可以看做是原来作者的竞争者。版权法增加知识和学习的公共利益目标的实现，最为重要的方面就是保障社会公众对作品的接入。如果一部作品不能被进入，不仅是一般的社会公众无从受益，其他作者包括其竞争性作者也不能从中受益，不能获得思想和启发，这样就无法促进知识在公众中的普及和传播，也不能促进表达的多样化。

版权法保护作者权利的最基本的出发点就是为了促进公共利益。任何受到版权法保护的作品，是个人的，同时也是社会的，因为它们都属于文化资源和社会财富。人类社会的文化存在，需要创作和作品来维持。正如郑成思教授所言，作品就是信息或以信息形式存在的文化作品。作者在出版或是公开自己的作品之前，可以私人占有自己的作品，但是一旦作者公开或出版之后，其作品就成为公众可以接入和获得的公共产品。任何人均可以通过合法的形式获得作品，学习并吸收作品的思想，进行新的创造。版权法所赋予版权人的版权，实际上只是禁止未经授权而商业性利用作品的权利，作为信息形式存在的作品或复制品始终是公开的和公共的。德国学者雷炳德认为："所有的智力成果构成了一个国家的文化资源。而社会公众希望尽可能不受限制地享用这些文化资源，因此，知识产权的过度垄断化是与社会公众利益背道而驰的。所以，在设定著作权时，人们需要将作者利益与社会公众在文化生活方面之利益进行正确的衡量。"①

作为平衡机制的版权法，并没有赋予作者完全排他支配作品的权利，这

① [德]M. 雷炳德. 张恩民译. 著作权法. 北京：法律出版社，2005：62。

里存在着一系列制度安排，使得公众也可以接入、获得、学习、了解和欣赏到作品的内容。版权法赋予作者的财产权利是有一定的期限和限制的。通过这些期限和限制促进公众对那些具有创造性的作品获得和利用，从而把信息留在公共领域的范围内。一是期限的限制，对作品的排他性权利仅在一段时间内有效，版权期限过后，作品进入公共领域；二是思想表达两分法，将思想留在公共领域；三是合理使用原则，赋予公众合理使用作品的权利；四是强制许可，在法律明文规定的情况下，可以不经过作者的许可使用版权作品；五是一次用尽原则，限制版权人在将作品第一次卖出后对该作品再利用的控制力。

保护作者权利和维护公共利益这两个版权法的双重目的，使版权在社会公益和个人权利之间架起了一个独一无二的桥梁和纽带，所以版权可被基本归结为一种“激励与接入”的均衡关系。

4.2 激励与接入的困境

从经济学的视角看，在激励与接入之间其实存在着一个困境，也可以称为是一个悖论。一方面，由于创作者在一个不受管制的市场中收回其价值是困难的，通过给予创作者以垄断权利，就可以激励创作者去发现更多新信息，创作更多新作品。另一方面，信息所有者对其作品的使用索取高价将会阻止该产品的使用。消费者因难以支付费用而不能充分使用信息，从而无法实现资源配置的最优效率。简言之，该困境就是“没有垄断就无法激励信息的生产，有了合法的垄断就不会有足够的信息被公众接入”。要解决这个困境，就需要版权制度在激励与接入两者之间实现一个基本的均衡，在扩张保护权利的同时对权利进行必要的限制。

4.2.1 激励与接入困境的成因分析

激励与接入困境的形成，究其原因主要是由版权作品和版权制度所存在的一些经济特性所决定的。

版权作品与其他有形财产权所保护的产品存在较大差异，因此在研究版权经济学和版权保护作品的创新问题时，有许多特殊的版权作品的经济特性必须考虑在内。一是受版权保护的创作作品具有“公共物品”的特性。因为消费者的额外增加不会影响其他消费者的消费数量和消费质量。同时，如果想要区分和排除其他的非付费的消费者需要很高的成本。因此，版权作品具有非排他性和非竞争性，可以被认为是公共物品。二是版权作品被赋予和认可的权利是一种接入知识产品的权利而不是产品的产权本身。这些权利可以根据接入的类型和程度进行相应的分类，例如可以分出公开表演权、广播权、传播权以及改编权，等等。通过版权交易不能得到作品的所有权，只是获得一段时期内固定目的的使用权，从此角度看与租赁合同有部分的类似。三是复本与原本存在明显的区别。所谓原本是指经版权所有者允许并通过版税合同支付后得到的知识产品所生产出的产品；而所谓的复本则是未经版权所有者允许而生产的知识产品。四是版权作品创作的生产技术特别，往往具有高的固定成本即创作成本和低的边际成本即再生产成本或是复制成本。尤其是一些数字化形式的版权作品，它们的边际成本低到接近于零，这种特殊的生产函数可能会导致一些问题的出现。例如，接入版权的市场越是具有竞争性，那么作品的价格就越接近边际成本。因此竞争性的市场反而不利于创作者弥补创作的固定成本，不利于激励创新。相反，限制竞争的市场或越是接近垄断的市场越能鼓励创作者创新。并且，再生产过程的低复制成本，会使得版权侵权更容易发生，因为侵权活动总是会有利可图。此外，数字化进程的加快不仅使得复制成本降低，同时也导致了传播成本的降低，因此版权作品的交易需要全新的商业模式。

版权所保护的作品中所体现的知识和信息是公开的，具有公共物品的属性；而版权所赋予作者的权利是垄断的，具有私人产权的属性①。西方法学家用社会契约关系来解释这种现象，也即国家形式出现的社会同知识产权创造者之间签订的一项特殊契约关系。从经济学的角度看，建立版权制度的根本动因在于对财产权的法律保护是有其创造有效使用资源的诱因。通过让创造者获得无形财产的财产权，才有诱因激励其在知识和信息的生产方面进行投资。当然，版权不仅仅在于保护原有创作者的投资，更广泛意

① 尽管在版权制度建立之初，版权是由君主授予特权给出版人的，是一种公权利，但是现代版权制度则将版权界定为一种私权利，把其看成是一种个人的财产权。

义上看是要激励更多的创作。①作品的外部性与版权界定。信息经济学理论认为知识和信息是一种特殊的商品，具有公共产品的属性。而作者所创作出来的作品，是带有公共产品属性的私人产品。因为作者对于其所创作的成果是难以控制它的使用的。如果作者创作出作品却不公开，那么他的创作活动和成果得不到公众的认同，就无法体现出其社会价值；如果作者将作品公之于众，又不可避免的将遭受免费使用。此外，从消费的过程看，一个人对作品的消费并不会影响另一个人对作品的消费，这也体现出了作品所具有的公共物品属性。版权作品的公共物品属性，决定了作品具有明显的外部性特征。其权利外溢导致作品资源配置效率损失，社会无法实现帕累托效率。要解决作品的外部性问题，首先需要明确产权界定。产权私有的版权制度，就能保障版权人的权利，减少作品外溢所带来的社会效率的损失。②作品的供给不足与版权制度。作品一经出版公开，信息生产者就不得不面对免费搭乘者。免费搭乘者对信息生产者提供的产品享受收益，但并不向生产者支付成本。如果信息生产者无法从市场交易中获得足够的收益用以补偿他们的成本，在这种条件下就会出现私人市场提供的知识产品的数量可能小于最优水平，从而形成经济学上所谓的供给不足问题。在防止消费者免费搭乘问题上版权制度具有一定的作用。因此需要通过版权制度确定对盗版者的惩罚和加强法律执行力度来限制消费者的免费搭乘行为以激励创作者的创新活动。

4.2.2　激励与接入的利益平衡原理

利益平衡原理既是一项立法原则，也是一项司法原则，所有的法律、规则和制度都建立在利益平衡的基础上。利益平衡也称为利益均衡，是在一定的利益格局和体系下出现的利益体系相对和平共处、相对均势的状态。从法律层面上看，利益平衡是指“通过法律的权威来协调各方面冲突因素，使相关各方的利益在共存和相容的基础上达到合理的优化状态”[①]。任何社会都存在与其社会政治、经济和文化等环境相关的不同利益主体，包括利益个体和利益群体，同时也存在一定的利益差别和反映不同利益关系的利

① 陶鑫良，袁真富．知识产权法总论．北京：知识产权出版社，2005：17～18。

益体系。这些内容构成了特定社会的利益格局，在这个格局中各个利益个体和利益群体都存在着相对稳定的利益关系。相对稳定的利益关系也维护了一定的利益格局的平衡。利益平衡要求尽量减少利益冲突，尽可能保持利益体系的稳定和利益格局的均衡，避免利益失衡局面的出现。但是，随着社会政治、经济和文化的发展与变化，必然出现新的利益矛盾和利益冲突，基于原来利益体系和利益格局基础上的利益平衡将被打破，这就需要实现新的利益平衡。

利益平衡的第一层边界是版权作品的独创性原则。独创性原则明确地界定了原创作者与后续作者的权利，实现了两者之间的均衡。因为，一件作品的问世，不仅仅是一个人智力活动的结果，它还受到许多前人作品的影响。一部小说的情节、人物、主题、结构都可能找到它们在前人作品中的影子，因此，有时候智力成果并非完全属于一个创作者，该作者也不能完全界定清楚作品的财产权，更不拥有绝对的排他权利。正是出于这种考虑，版权法在赋予权利的时候充分考虑到了前人的贡献和其他同辈的贡献，使法律赋予智力成果创作、创造人权利与其贡献部分相吻合，给予创新活动以适当的激励。独创性是版权法的基础，它把版权客体从公共领域中分离出来而归于私有，在私有领域中划分出每个私权的范围，所依据的都是版权法上的独创性概念。作品的创作要求的是一定量的创造性表述，也即作品中的表述来源于作者而非抄袭，那么作者就可以对作品拥有权利。如果作品中有借鉴的成分，那么版权法只保护原创的部分。独创性给出了版权的第一层边界，也反映出了法律对于版权侵权的界定，法律仅保护作品的原创部分免受他人的抄袭、使用，而不禁止其他相似作品的独立创作。独创性原则就其要求而言并不苛刻，不要求完全创新也不要求纯粹创造，只是要求有独立的创作。

利益平衡的第二层边界是思想表达两分法。思想表达两分法明确地界定了作者与社会公众的权利，实现了两者之间的均衡。思想表达两分法的前提就是思想是不受到法律保护的，思想属于公共财富，从本质上还是实践上都不可能被个人私有。因为，智力作品本身的目的是传播和分享。如果作品不能通过适当的方式被人们所接入和分享，就违背了作品本身的目的，也失去了创作的价值。从版权法的价值上看，知识的传播和更新是版权法最为根本的目标，同时也是人类社会进步的必要条件，所以法律明确表示思想不受保护，对于鼓励作品的传播有重要的意义。而思想的悟性和人类智力的无穷性决定了人们对于思想的利用方式和利用状态各有特色，不同的人对于思想的利用也会产生不同的作用；新作品的产生也就拥有了足够多的素材。而这些，并不是在垄断激励下的作者们可以完全实现的。允许思想被他人利用要比思想禁锢于作者的垄断意志之下更为有价值。因此，知识产权所给予权利人的仅仅是在一定期限内公开和商业化利用智力成果的权利，其创作的成果则被公之于世，让公众可以获取、学习、接入和进一步创新。由此可见，版权法是一种利益平衡的法律制度安排，它完美地确定了创作者的权利与社会公众的利益。

4.3 激励与接入的多重均衡

根据前述的分析，激励与接入的均衡实际上可以划分为三个层次。

第一层次的激励与接入均衡也是最为基本的均衡，就是创作者的激励和消费者的效用之间的最优均衡，是有效生产和有效消费之间的权衡。关于这个均衡，版权经济学文献论述的最多、最为著名的陈述是 Landes 和 Posner 在 1989 年的文献中给出的："版权保护——版权所有者阻止其他人制作复本的权利——限制接入作品的成本与最初提供给创作作品的激励产生的收益之间的权衡。在激励与接入之间达到正确的平衡是版权法的核心问题。"因此，版权制度设计出来就是为了提供一种方式，最终的使用者贡献创作成本，通过版税支付给创作者，作为交换，创作者加大努力创作和公开披露创作作品。

第二层次的激励与接入均衡则是在代际之间的激励和接入的均衡。当考虑到创作活动的累积效应，那么代际的均衡效应就出现了。这时候需要考虑到对第一代原创作者收益的保护，但同时还需要考虑到对第二代新作作者创作的激励。一件作品往往不是一个人智力活动的结果，可能还受到许多前人作品的影响，存在前人作品的影子，因此智力成果有时候并不完全属于一个创作者，该作者就不能完全界定清楚作品的财产权，更不拥有绝对的排他权利。因此，版权法在赋予权利的时候充分考虑到了前人的贡献和其他同辈的贡献，以使法律赋予智力成果原创作者与后续作者相应的权利，对各自的创新活动予以适当的激励。

第三层次的激励与接入均衡则是在时际上的激励与接入的均衡。在更为长期的创作活动中，随着复制和传播技术的改进，版权相关人的收益和成本面临着不同的变化，这时候就需要考虑在新的复制技术条件下，如何实现对激励与接入均衡的调整。面对复制技术的革新，版权法必须逐步调整和修改，扩展保护范围和增加保护力度，达到法律对非法复制的遏制效果。因此需要考察随着技术创新，版权体系内外的利益均衡如何实现重新调整的过程，并达到版权制度改革和完善的目的。

4.4 本章小结

作为激励机制的版权法必须以维护作者权利为核心，确立作者在版权法中的主导地位，用以激励作者的创作活动。作为平衡机制的版权法必须保障公众对版权作品中的思想和表达的获得和使用。

从经济学的视角看，在激励与接入之间其实存在着一个困境，也可以称为是一个悖论。一方面，由于创作者在一个不受管制的市场中收回其价值是困难的，通过给予创作者以垄断权利，就可以激励创作者去发现更多新信息，创作更多新作品。另一方面，信息所有者对其作品的使用索取高价将会阻止该产品的使用。消费者因难以支付费用而不能充分使用信息，从而无法实现资源配置的最优效率。简言之，该困境就是“没有垄断就无法激励信息的生产，有了合法的垄断就不会有足够的信息被公众接入”。要解决这个困境，就需要版权制度在激励与接入两者之间实现一个基本的均衡，在扩张保护权利的同时对权利进行必要的限制。

保护作者权利和维护公共利益这两个版权法的双重目的，可以基本归结为“激励与接入”的一种均衡关系。激励与接入的均衡实际上可以分为三个层次：第一层次的均衡也是最为基本的均衡，就是创作者的激励和消费者的效用之间的最优均衡，是有效生产和有效消费之间的权衡。第二层次的均衡则是在代际之间的激励和接入的均衡。第三层次的均衡则是在时际上的激励与接入的均衡。本章主要考虑的是第一层次的激励与接入的均衡。

5　激励与接入的最优均衡

本章主要讨论激励与接入的最优均衡，将版权制度归结为创作者与使用者的均衡。因此本章在阐述版权制度的多重保护维度的基础上，构建最优版权保护模型，并通过实证计量的方法，探讨各种版权保护维度与作品数量的关系。最后运用理论与实证结果对米老鼠诉讼案例进行分析。

版权的多重维度混合保护导致了版权保护困境的出现。因此，解决最优版权保护问题将实现版权相关人之间的激励与接入的均衡。本节从社会福利最大化的角度来探讨版权最优保护问题，进而为版权制度激励与接入困境找到适当的均衡。

5.1　最优版权保护：理论模型

版权可以通过三个方面来定义：一是版权的长度，也即版权法律保护实施的时间期限；二是版权的宽度，也即版权法律保护实施的范围；三是版权的高度，也即版权法律保护实施的严格程度。

(1)版权长度

从历史上第一部版权法至今，版权保护期限经历了从短到长的演变过程，逐步从最初的 28 年扩展到现在的作者身后 70 年。《安娜女王法》明确规定了版权的期限：在该法颁布时，已经出版的书籍拥有版权年限为 21 年；那些尚未出版的书籍，版权保护年限为首次出版后的 14 年，但是作者可以申请继续延长 14 年。从版权法发展历程来看，很多国家的版权保护期限都是被多次更改的，但总体趋势是保护期限越来越长。例如，1837 年普鲁士著作权法授予作者终身加上死后 30 年的保护；1934 年德国开始给予作者终身加上死后 50 年的保护；1965 年德国将版权保护期限延长到作者有生之年加上死后 70 年，并且这一期限经 1993 年的欧盟版权保护期指令采纳后适用于欧盟各国。在我国，著作权是从创作完成之日产生的，人身权利中除了发表权外没有期限限制，发表权一经行使即穷竭，如果在作者死后50年内不发表，就不再保护。财产权利的保护期限是作者有生之年加上死后50年，如果作品创作完成后50年未发表的，不再保护；另外，法人和其他组织视为作者的作品以及电影、电视、录像作品和摄影作品、作者身份不明的作品，其保护期限都为作品首次发表之日起50年，创作完成50年内不发表的就不再保护。自《伯尔尼公约》规定对版权材料提供作者有生之年加上其死后50年保护以来，这一模式成为版权期限保护的主要模式。根据《伯尔尼公约》，各国提供的版权保护期限为著作者有生之年再加50年，然而公约允许各国提供更长的保护期限。在TRIPS协议中，版权的期限规定也是作者死后至少50年。

单以美国为例，1790年实施的第一部联邦版权法案，规定了14年的初始期限，如果在初始期限结束时其作者仍然在世，则再加上一个同样长的续展期限。1831年初始期限延长到28年；续展期限在1909年延长到28年，从1962年开始延长到47年。《1976年版权法案》从固定期限转变为可变期限，但仍然是有限的，期限为作者有生之年加上死后50年。当1996年欧盟将版权保护期限修改为著作者有生之年加70年的时候，美国仍处于最低的公约保护期限。由于许多盈利的文学作品、电影、虚构的人物的版权将受到威胁，如迪斯尼的米老鼠将于2000年至2004年失去版权保护而进入公共领域。于是，1998年这些即将失去版权保护的版权拥有人成功地游说美国国会通过了《Sonny Bono版权期限扩展法》，又被称为“米老鼠保护法”。根据该法律，法人拥有的著作权保护期为95年，个人新作所获得的保护期为作者一生及身后再加70年。《Sonny Bono版权期限扩展法》使美国版权法的保护期限与欧洲取得了一致。

(2)版权宽度

目前，版权保护的范畴已经涵盖了文化领域的各个方面。虽然版权被称为“文学产权”，但并不代表版权的保护范围仅仅局限于文学领域。实际上，按照《伯尔尼公约》第2条第1款的规定，版权保护的“文学艺术作品”一词包括“文学、科学和艺术领域内的一切成果，不论其表现形式或方式如何”。诸如各类出版物、影视戏剧、音乐舞蹈、美术摄影、建筑外观雕塑、实用工艺，甚至计算机软件，几乎人类创造的所有科技、文化、艺术的智力成果都是版权保护的客体。在社会发展进程中，版权保护涵盖的对象不断在扩大，最先是纸介质的各类出版物、印刷品，之后随着技术的发展，拓宽到影视、音像、电子出版领域，如今在软件和互联网络的环境下创作和传播的作品又进入到版权保护的范畴。我们可以看出，虽然版权保护的外延在扩展，但它并未超出《伯尔尼公约》在 1886 年诞生时界定的范围，即版权的本质没有改变。虽然各种智力成果的表达方式、物质载体和介质不同，但本质上都是人类在文学、艺术和科学领域智力创新的成果。归根结底，版权保护的范围是有一个统一的限度的，就是版权保护延及表达，而不延及思想、过程、操作方法或数学概念本身。

同时，随着各国成为一些重要国际条约的成员国，版权的保护范围也得到了扩张。首先是《伯尔尼公约》。1878 年，由雨果主持在巴黎召开了一次重要的文学大会，建立了国际文学艺术协会。1883 年该协会将一份经过多次讨论的国际公约草案交给瑞士政府。瑞士政府于 1886 年 9 月 9 日在伯尔尼举行的第三次大会上予以通过。这就是世界上第一个国际版权公约《伯尔尼公约》。在版权国际保护制度发展史上，与《伯尔尼公约》同样具有重要地位的另一国际性版权公约是《世界版权公约》。《世界版权公约》由联合国教科文组织发起制定，于 1952 年在日内瓦签订。该公约签订的主要原因是美国作为欧洲作品的最大使用国，没有加入《伯尔尼公约》。因此在美国要求下，国际组织于 1952 年主持签订了《世界版权公约》。其建立的宗旨是出于保证所有国家对文学、科学、艺术作品的版权给予保护，补充而又无损于现行各种国际制度的版权保护制度。此外，1961 年 10 月 26 日，由国际劳工组织与世界知识产权组织及联合国教育、科学及文化组织共同发起，在罗马缔结并于 1964 年 5 月 18 日生效的《保护表演者、录音制品制作者和广播组织罗马公约》(简称《罗马公约》)；于 1971 年缔结的《保护录音制品录制者防止擅自复制其录音制品日内瓦公约》(简称《日内瓦公约》或《录音制品公约》)；1996 年缔结的《WIPO 版权条约》(WCT)；1996 年缔结的《WIPO 表演和录音制品条约》(WPPT)。

(3)版权高度

版权的严格程度也可以理解为版权保护的法律不完备性，包括执法的措施、权利丧失的保护以及权利的限制或是例外等方面。版权限制是与版权扩张一起在版权制度产生之初就出现的。版权的权利限制指的是有的行为本来应属于侵犯版权的权利，但由于法律把这部分行为作为侵权的例外，从而不再属于侵权。《伯尔尼公约》在赋予各缔约国有权通过本国法律保护作者合法权利的同时，也在第9条中明确规定：本同盟成员国法律得允许在某些特殊情况下复制上述作品，只要这种复制不损害作品的正常使用，也不致无故侵害作者的合法权益。虽然该条款只适用于对作品的复制权，但已构成对各国就版权的权利限制制度的原则性规定。《与贸易有关的知识产权协议》(TRIPS)在版权的权利限制方面突破了《伯尔尼公约》针对单一权利的例外与限制，而是将对版权的权利限制扩充至对所有的权利，它在第13条规定的限制与例外是：全体成员均应将专有权的限制或例外局限在一定特例中，该特例应不与作品的正常利用相冲突，也不应不合理地损害权利持有人的合法利益。TRIPS已经成为各国确立本国版权制度的依据，其中的权利限制条款也应当成为各国在版权立法时考虑的原则。从本质上看，可以将版权的严格程度理解为让公众接入到版权作品的难易程度。如果版权法越是规定的严格，公众越不容易接近和获得作品，那么会导致公众抛弃合法途径获得作品而是选择其他非法途径获得作品。因此，越是严格的版权法，将越会出现严重的版权侵权情况和高的版权侵权率。

5.1.2 版权保护的社会福利分析

版权制度存在多重的保护维度，这使得版权制度最为基本的激励与接入的困境难以解决。这主要因为试图从法律上找到一个最为公平且合理的激励和接入的平衡，并给予版权保护的各种维度以合理的定义和规定，是相当困难的事情。但从经济学的视角出发，该问题就转化为在一定的约束条件下求解能使社会福利最大化的版权长度、宽度和高度。通过在Watt(2004)的基础上构建一个较为简化的模型来说明此问题。

假设：①当新的作品问世之后，在不受版权保护的情况下有较多公众可以接入到该作品，这一部分人群对该作品形成一个较大的总体需求。②当版权制度对作品进行保护之后，可以假定作品受到的保护期限也即版权长度为t，同时版权的宽度和高度分别为b和h。此时，因为版权制度所赋予的垄断特征，只有小部分消费者能够接入到新的作品，形成的是一个较小的需求，其需求曲线会出现在前述的总体需求曲线的左侧。③作者生产的边际成本为零，作者的表达成本为 I，且 $I>0$。④由于需求曲线是关于 b 和 h 的函数，所以相应的作者收益和利润可以表示为 $TR(b,h)$ 和 $\pi(b,h)$，消费者剩余可以表示为 $cs(b,h)$。⑤垄断所造成版权作品市场上的社会福利净损失为 $DW(b,h)$；在版权市场以外存在的未受保护的市场还存在的复制行为会产生部分社会福利，将其计为 $SW_u(b,h)$。⑥当版权制度期限到期后，版权作品进入公共领域，需求曲线回归到原先的较大的总体需求水平。⑦生产者、消费者和其他公众都经历一个长期的过程，因此考虑时间贴现因子 λ。

此时我们需要考虑的问题就转换为在作者能够弥补成本的约束条件下，求解能使各期社会福利净现值之和最大化的最优版权长度、宽度和高度。

$$\max\sum_{i=1}^{t}\lambda^{i-1}SW_1+\sum_{i=t+1}^{\infty}\lambda^{i-1}SW_2 \tag{5-1}$$

$$s.t\sum_{i=1}^{t}\lambda^{i-1}\pi(b,h)\geqslant I \tag{5-2}$$

其中，SW_1 表示在版权保护期限内所产生的社会福利水平；SW_2 表示在版权保护期限到期后所产生的社会福利水平。而约束条件表示保护期限内的作者利润要能足以弥补其表达成本。

通过一个恒等式 $SW\equiv\pi(b,h)+cs(b,h)+DW(b,h)+SW_u(b,h)$，上述的(5-1)式可以进一步表示为：

$$\max\sum_{i=1}^{t}\lambda^{i-1}SW_1+\sum_{i=t+1}^{\infty}\lambda^{i-1}SW_2$$

$$=\max\sum_{i=1}^{t}\lambda^{i-1}(SW-DW(b,h))+\sum_{i=t+1}^{\infty}\lambda^{i-1}(SW-\pi(b,h))$$

也即，在版权保护期限内所产生的社会福利水平会缺少因垄断所造成的版权作品市场上社会福利净损失，这一净损失为 $DW(b,h)$，而在版权保护期限到期后所产生的社会福利水平会缺少作者的利润 $\pi(b,h)$。可见，各期作品销售数量以及社会福利净现值之和是关于版权长度 t、版权宽度 b 和版权高度 h 的函数。

5.2 版权保护维度与作品数量:实证研究

从上节的理论模型中可以发现,版权的长度、宽度和高度都会影响到作品的数量和社会福利水平的高低,因此本部分以全球音像产业为基础进行实证研究,分析版权保护的多重维度是如何对作品的数量产生影响的。

5.2.1 理论分析与研究假说

版权经济学中的实证研究是在近几年才刚刚起步的,主要的研究客体集中在影视产业和音像产业中。研究的问题也主要是版权期限的变化对作品数量的影响以及新兴的网络技术和在线服务对音乐版权作品数量的影响。但是根据本书前述部分的理论分析,可以发现除了文献所研究的版权期限,版权的长度、宽度和高度都会对作品的数量和社会福利水平产生影响。因此需要对作品销售数量与版权长度 t、版权宽度 b 和版权高度 h 的关系进行理论分析,并提出相应的研究假说,为后续的实证检验提供基础。

首先,版权制度的保护期限越长,越能促进和激励作者提供具有创新性的作品,因此随着供给的增加,版权作品的销售数量将会趋于上升。由此,得出第一个假说(H1):版权长度和音乐作品数量呈正相关关系,也即版权期限的延长对作品数量的增加是有利的。

其次,版权制度的保护范围越宽,版权制度所表现出来的垄断特征越强,越少的消费者能够获得新的作品,从而形成的是一个较小的需求,因此随着需求的减少,版权作品的销售数量将会趋于下降。由此,得出第二个假说(H2):版权宽度和音乐作品数量呈负相关关系,也即版权法保护的范围越宽、内容越多,越不利于作品数量的增加。

最后,当版权制度的保护程度越严格,公众越不容易接近和获得作品,那么会导致公众抛弃合法途径获得作品而是选择其他非法途径获得作品。同样会使得消费者数量减少,形成较小的需求,最终导致版权作品的销售数量趋于下降。由此,得出第三个假说(H3):版权高度和音乐作品的数量呈负相关关系,这意味着越严格的版权法越不利于版权作品的出现。

5.2.2 研究模型与变量数据说明

以全球音像产业为基础，本书选取了音像制品作为研究对象，构建了如下的计量分析模型，考察与版权法相关的各个变量与作品数量的关系问题。

$$\ln sale_i = \alpha + \beta_1 \times \ln gdp_i + \beta_2 \times popu_i + \beta_3 \times dura_i + \beta_4 \times scop_i + \beta_5 \times pira_i + \varepsilon_i$$

其中，i 是不同国家和地区的标识；被解释变量 $\ln sale$ 表示各国和地区音乐作品销量的自然对数形式；$\ln gdp$ 表示所研究国家和地区的国内生产总值 GDP 的自然对数形式，它是各国和地区经济能力的一种反映，加入它是为了控制与版权相关的三个变量长度、宽度和高度对作品销量的影响；$popu$ 表示一国和地区的总人口数，它能够反映一国和地区社会情况对作品销量的影响，加入它同样是为了控制与版权相关的三个变量对作品销量的影响；$dura$ 表示版权的期限，是对版权长度变量的衡量；$scop$ 表示版权的范围，是对版权宽度变量的衡量；$pira$ 表示版权的严格程度，是对版权高度变量的衡量；ε 是随机误差项。

计量模型的研究样本为 1999 年至 2004 年间全球具有代表性的 20 个国家和地区的数据资料。最终形成的面板数据包括 20 个截面单位在 6 年内的时间序列资料，样本观测值共计 120 个。样本数据的主要来源为：国际唱片业协会(IFPI)网站[①]，经济合作与发展组织(OECD)网站[②]，世界知识产权组织(WIPO)网站[③]，国家统计局网站[④]，国家版权局网站[⑤]等统计数据库提供。其中，音乐作品销量数据、GDP 数据和人口数据可分别参见附录 A、B、C，关于版权相关的三个变量的取得作如下说明：

①版权期限 $dura$ ，在 I. P. LPng 和 Qiu-hong Wang(2006)的版权期限变换情况表的基础上形成表 5-1 截面单位版权期限扩展执行情况表，并且定义在所考察的 6 年内版权法都是按照扩展的作者有生之年加上 70 年的

---

① http://www.ifpi.org/。
② http://www.oecd.org/。
③ http://www.wipo.int/portal/index.html.en。
④ http://www.stats.gov.cn/。
⑤ http://www.ncac.gov.cn/。

国家和地区计为1，而相应的在所考察的年限内不是全部采用扩展的作者有生之年加上70年的国家和地区，也即在6年内只要有一年仍然是以作者有生之年加上50年的国家和地区计为0。

表5-1　截面单位版权期限扩展执行情况表

国家和地区	版权扩展执行年份	版权扩展相关版权法
澳大利亚	2004年	2004年版权法修正案
比利时	1995年	1994年6月30日法案
捷克共和国	2000年	No. 121/2000法案
丹　麦	1995年	L395，1995年6月13日
芬　兰	1995年	No. 1654法，1995年12月
法　国	1995年	S. L123－1法案
希　腊	1995年	1997年12月24日法案
中国香港	无	无
匈牙利	1994年	1994年VII法案
印　度	1992年	1992年版权修正案
波　兰	2000年	2000年6月9日版权和邻接权修正案
葡萄牙	1995年	D. L. 334197
新加坡	2004年	2004年6月15日知识产权法案
西班牙	1995年	1996年4月12日法案
瑞　典	1995年	文学艺术作品版权法案1995年12月7日
瑞　士	1993年	版权法案1993年7月
土耳其	1995年	版权法案No. 5846
英　国	1995年	版权和表演权期限法规No. 3297
美　国	1998年	版权期限延长法案(CEAT)
中　国	无	无

资料来源：笔者根据I. P. LPng和Qiu～hong Wang(2006)的研究成果增删并经整理而得。

②版权范围 *scop*，分别考察20个截面单位参加版权界最为著名的六大公约，包括：《伯尔尼公约》、《世界版权公约》、《罗马公约》、《录音制品录公约》、《WIPO版权条约》(WCT)、《WIPO表演和录音制品条约》(WPPT)的情况，具体情况可参见附录D。在考察期的6年内都是这六大公约缔约方的国家和地区计为1；在考察期的6年内只要有一年不是这六大公约缔约方的国家和地区均计为0。

③版权严格程度 *pira*，根据表 5-2 对 20 个截面单位音乐作品市场的侵权率的统计，可以将版权的严格程度分为四档：侵权率小于 10%的，计为 1；侵权率在 10%～25%之间的，计为 2；侵权率在 25%～50%的，计为 3；侵权率大于 50%的，计为 4。

表 5-2 截面单位音乐作品市场的侵权率

音乐作品市场侵权率	1999 年	2000 年	2001 年	2002 年	2003 年	2004 年
澳大利亚	<10%	<10%	<10%	<10%	<10%	<10%
比利时	<10%	<10%	<10%	10%～25%	10%～25%	10%～25%
捷克共和国	<10%	10%～25%	25%～50%	25%～50%	25%～50%	>50%
丹　麦	<10%	<10%	<10%	<10%	<10%	<10%
中　国	>50%	>50%	>50%	>50%	>50%	>50%
美　国	<10%	<10%	<10%	<10%	<10%	<10%
英　国	<10%	<10%	<10%	<10%	<10%	<10%
土耳其	25%～50%	25%～50%	10%～25%	10%～25%	10%～25%	>50%
瑞　士	<10%	<10%	<10%	<10%	<10%	<10%
瑞　典	<10%	<10%	<10%	<10%	<10%	<10%
西班牙	<10%	10%～25%	10%～25%	10%～25%	10%～25%	10%～25%
新加坡	10%～25%	10%～25%	10%～25%	10%～25%	10%～24%	<10%
葡萄牙	<10%	<10%	<10%	25%～50%	25%～50%	25%～50%
波　兰	25%～50%	25%～50%	25%～50%	25%～50%	25%～50%	25%～50%
印　度	25%～50%	25%～50%	25%～50%	25%～50%	25%～50%	>50%
匈牙利	10%～25%	<10%	10%～25%	25%～50%	25%～50%	25%～50%
中国香港	25%～50%	25%～50%	10%～25%	25%～50%	10%～25%	10%～25%
希　腊	25%～50%	25%～50%	25%～50%	>50%	25%～50%	>50%
法　国	<10%	<10%	<10%	<10%	<10%	<10%
芬　兰	10%～25%	10%～25%	10%～25%	10%～25%	10%～25%	10%～25%

资料来源：根据国际唱片业协会 IFPI 网站所提供数据资料，经整理得到。①

通过对上述的计量方程中的 6 个变量的来源说明，表 5-3 给出了所有

① 2003 年和 2004 年两年的音乐作品盗版率第二层次标准为 10%～24%，为了与前面几年相一致，故统一采用 10%～25%的标准。

变量的简单描述性统计。*sale* 的均值为 1079.751，而且其最大值与最小值之间的差距也较大，说明在考察期内各国和各地区的音乐作品数量存在着较大的差异。同样，各国的版权期限、版权范围和版权的严格程度也即各国的版权法从根本上存在着明显的差异，因此可以探讨版权法的差异对作品数量的影响程度。

表 5-3 特征变量的描述性统计

变量名	样本容量	均值	标准差	最小值	最大值
sale	120	1079.751	2874.687	34.9	14251.4
gdp	120	9306.05	22305.64	467	116675
popu	120	14879.92	34527.79	395	129988
dura	120	0.7	0.460179	0	1
scop	120	0.4	0.491952	0	1
pira	120	0.2	1.028992	1	4

资料来源：根据统计数据计算而得。

5.2.3 计量结果和经济意义

针对前述部分所给定的面板数据和计量方程，先采用普通最小二乘法(OLS)进行回归分析，得出的包含不同解释变量的回归结果，如表 5-4 所示。其中设置了三个计量模型，在模型 1 中除了控制变量 GDP 的自然对数形式与一国和地区的人口数以外，引入了版权长度也即版权期限 *dura* 这个变量；在模型 2 中，更进一步引入了版权宽度也即版权范围 *scop* 这一变量；在模型 3 中，加入版权严格程度 *pira* 这个变量，使得此模型包括了版权长度、宽度和高度三个研究变量。根据现有的模型诊断指标，可以认为模型 3 可能比其他的两个模型更具有解释力。根据模型 3 的回归结果显示(见表 5-4)，版权的长度、宽度和高度都对作品的数量产生重要的影响，因此可以初步得到结论，版权法的法律法规是能对音乐作品数量产生影响作用的重要因素。

版权长度和音乐作品数量呈正相关关系，并且在统计上存在显著相关关系。这也表明，版权期限的延长对作品数量的增加是有利的[①]。版权宽

① 此结论与 I. P. LPng 和 Qiu-hong Wang(2006)的研究成果中版权期限扩展对电影作品的生产具有显著正相关关系的结论相类似。

度和音乐作品数量呈负相关，但在5%的统计水平上显著。这表明，版权法保护的范围越宽、内容越多，越不利于作品数量的增加。版权高度和音乐作品的数量呈显著负相关，这意味着越严格的版权法越不利于版权作品的出现。表5-5的相关系数矩阵也表明，方程中的各个解释变量之间并不存在很强的相关关系。

表5-4　版权保护维度与作品数量关系的回归结果

	因变量:音乐作品数量(对数)		
	模型1	模型2	模型3
GDP(对数)	1.170516***	1.177428***	1.087333***
	(42.28)	(42.33)	(41.83)
人口数	−0.0000158***	−0.0000163***	−0.0000117***
	(−15.95)	(−15.82)	(−11.13)
版权长度	0.4012186***	0.4625481***	0.4078804***
	(5.77)	(5.87)	(6.23)
版权宽度		−0.1234361	−0.1604602**
		(−1.62)	(−2.55)
版权高度			−0.2446357***
			(−7.40)
截距项	−3.958782***	−4.000562***	−2.801263***
	(−18.77)	(−18.96)	(−11.77)
观测数	120	120	120
R^2	0.9483	0.9495	0.9659
调整后的 R^2	0.9470	0.9477	0.9644

(注：***表示在1%的统计水平上显著；**表示在5%的统计水平上显著；*表示在10%的统计水平上显著。括号内为t统计值。)

表5-5　相关系数矩阵

	音乐作品数量	GDP	人口	版权长度	版权宽度	版权高度
音乐作品数量	1.0000					
GDP	0.8886	1.0000				
人口	0.0071	0.3994	1.0000			
版权长度	0.3846	0.1976	−0.1472	1.0000		
版权宽度	0.2755	0.1207	0.2949	0.5345	1.0000	
版权高度	−0.5444	−0.2239	0.4867	−0.3194	−0.3652	1.0000

此外，还采用了随机效应模型的面板数据方法对模型进行了估计[①]，得到的回归结果如表 5-6 所示。通过比较发现，随机效应模型的回归结果显示与 OLS 的回归结果是基本一致的。版权的长度与作品数量是正相关，版权宽度和高度与作品数量是负相关，且版权宽度与作品数量的相关程度与版权长度和高度与作品数量的相关程度相比略微显得比较不显著。

表 5-6　随机效应模型回归结果

	因变量：音乐作品数量（对数）		
	模型 1	模型 2	模型 3
GDP（对数）	0.9625188***	0.9606472***	1.014655***
	(15.11)	(14.78)	(20.28)
人口数	−0.0000128***	−0.0000129***	−0.0000113***
	(−5.10)	(−4.85)	(−5.57)
版权长度	0.5457612***	0.5683059***	0.4649621***
	(3.06)	(2.74)	(3.05)
版权宽度		−0.0396367	−0.1174598
		(−0.20)	(−0.80)
版权高度			−0.191098***
			(−5.40)
截距项	−2.430375***	−2.413745***	−2.386529***
	(−4.96)	(−4.85)	(−6.03)
观测数	120	120	120
Wald	279.48***	271.82	561.25
sigma_u	0.26961211	0.27260496	0.20799289
sigma_e	0.16898761	0.16898761	0.16808394
rho	0.71795044	0.72239977	0.60493741

（注：*** 表示在 1%的统计水平上显著；** 表示在 5%的统计水平上显著；* 表示在 10%的统计水平上显著。括号内为 *z* 统计值。）

5.3　激励与接入的案例分析：米老鼠诉讼案

米老鼠形象是在 1928 年由沃尔特·迪斯尼设计诞生的，它为迪斯尼公

① 经过 *BP* 检验，结果支持随机效应模型，因此这里仅采用了随机效应模型而没有采用固定效应模型。

司赚取了高额的经济财富。根据1998年以前的美国版权法，个人拥有的著作权保护期截至著作权人去世后50年，法人和团体拥有著作权的保护期截至作品问世后75年。这意味着1928年首次亮相的米老鼠将于2003年失去版权保护，之后任何人都能够自由使用米老鼠形象，包括任何商业用途。但是1998年美国国会通过《Sonny Bono版权期限扩展法》，将个人版权期限和法人版权期限分别延长20年，于是米老鼠形象还将继续为迪斯尼公司所有。

对于1998年的《Sonny Bono版权期限扩展法》，美国国内对此评说众多且褒贬不一。2001年10月，美国联邦最高法院同意审理关于要求推翻现行的版权期限扩展法的案件。此案是由美国的一个程序员Eric Eldred提起诉讼，提出诉讼的理由是1998年通过的《Sonny Bono版权期限扩展法》中有关现行版权保护期再延长20年的规则侵犯了言论自由权。Eldred认为，“版权法筑起了一道堤坝，阻止大量作品进入公用领域。因为保护米老鼠，其他大量作品无法问世”。尽管在巡回法院和上诉法院都败诉了，但是他一直把这个官司打到美国联邦最高法院。斯坦福大学法学院的劳伦斯·莱斯格主动要求出任他的辩护律师。最后在2003年1月15日，美国联邦最高法院以7∶2的多数票，判决Eric Eldred败诉。这就是版权历史上著名的Eldred诉Ashcroft案件，又称米老鼠诉讼[①]。

此案的控方Eric Eldred经营着一个网站，专门提供版权已经到期图书的免费下载。而1998年修改的版权法使他在网上出版一些早期诗集的计划在近20年内都无法实现。Eric Eldred认为，一再延长版权实际等于变相地使版权永久化，明显与宪法“有限时间内保护著作权”的条款相悖。美国宪法中提到，“为了推动科学和进步文化的发展，国会有义务有限制地保护作者和发明者对其作品所享有的著作权和专营权”。虽然最高法院的法官们也同意这个逻辑，但法官们指出，此案的尴尬之处在于，宪法也明确授权，由国会来确定多长时间算是“有限时期”；如果法院推翻国会法案，即属越权。最终法庭判决书指出，1998年著作权期限延长法案并未违反宪法规

① 案件描述来源：http://www.ruanyifeng.com/blog/2007/06/history_of_copyright_term_extension_part_iii.html。

定，也没有违反言论自由的精神。但两名投反对票的法官约翰·保罗·斯蒂文斯和斯蒂文·布勒尔认为，法庭的最终判决是错误的。布勒尔指出，如果延长法案的行为继续发展下去，将会把知识产权变成一种永久性的权利，而不是宪法所说的有限时间内的权利，这将阻碍而不是促进科学的发展。斯蒂文斯法官则认为，法庭的判决未能有效地保护公众免费欣赏艺术创作的权利。

这显然是一个关于版权保护期限的典型案例。根据上述几节对于版权长度的理论和实证研究可以得出，各期作品销售数量之和是关于版权长度 t 的函数，版权长度和音乐作品数量呈正相关关系，并且在统计上存在显著相关关系。这也表明，版权期限的延长对作品的数量的增加是有利的。因此从该角度看，1998 年的《Sonny Bono 版权期限扩展法》是存在合理的经济理论基础的，且美国法院最终判定 Eric Eldred 败诉，也是符合经济效率的。

5.4 本章小结

版权可以通过三个方面来定义：一是版权的长度，也即版权法律保护实施的时间期限；二是版权的宽度，也即版权法律保护实施的范围；三是版权的高度，也即版权法律保护实施的严格程度。版权的多重维度混合保护导致了版权保护困境的出现。因此，解决最优版权保护问题将实现版权相关人之间的激励与接入的均衡。从社会福利最大化的角度来探讨版权最优保护问题，进而为版权制度激励与接入困境找到适当的均衡。在版权保护期限内所产生的社会福利水平会缺少因垄断所造成版权作品市场上的社会福利净损失，这一净损失为 $DW(b,h)$ ，而在版权保护期限到期后所产生的社会福利水平会缺少作者的利润 $\pi(b,h)$ 。可见，各期作品销售数量以及社会福利净现值之和是关于版权长度 t 、版权宽度 b 和版权高度 h 的函数。

在理论模型的基础上，进行实证研究。结果发现，版权长度和音乐作品数量呈正相关关系，并且在统计上存在显著相关关系。这也表明，版权期限的延长对作品数量的增加是有利的。版权宽度和音乐作品数量呈负相关，但在 5%的统计水平上显著。这表明，版权法保护的范围越宽、内容越多，越不利于作品数量的增加。版权高度和音乐作品的数量呈显著负相关，这意味着越严格的版权法越不利于版权作品的出现。

根据本章对于版权长度的理论和实证研究可以得出，1998 年的《Sonny Bono 版权期限扩展法》是存在合理的经济理论基础的，且美国法院最终判定 Eric Eldred 败诉，也是符合经济效率的。

6 激励与接入的代际均衡

本章主要讨论当存在累积效应的创作活动发生时，第一代原创作者和第二代新作作者之间的激励与接入的代际均衡问题。借助经济学中的产品差异理论来探讨两类不同的作品市场，分别是水平差异型作品市场和垂直差异型作品市场，从而确定原创性的边界，给出保护原创收益与激励后续创新的最优均衡，解决激励与接入的代际均衡问题。

6.1 原创收益与后续创新

近年来，流行乐坛的纠纷与诉讼都与版权侵权有关，“唱片一红，侵权即来”的现象在音像行业并不罕见，而那些一夜走红的热门歌手尤其是新近的国内网络歌手更是几乎个个官司缠身。如此之多的侵权诉讼究竟源于怎样的深层原因？笔者认为主要是因为原创作品和后续创新之间的两难困境。当原创作品问世的时候，往往无人问津；之后经过其他歌手的改良和翻唱，而广为流传。此时，诉讼与纠纷就必然产生，究竟应该保护原创作者的版权，还是旨在激励后续创新而赋予新作作品以新的版权？

6.1.1 激励新作作者的后续创新

其实这个问题由来已久，并且长期以来一直困扰着知识产权法学界，保护原创作者版权的案例和赋予新作作品版权的情况在司法实践中也都普遍存在。在文学领域中，这种“借用”是无处不在的，正如诺思罗普·弗赖伊(Northrop Frye)所说，“诗只能出自于其他诗中；小说亦出自于其他小说。”[①]他认为，“包括乔叟，其大部分诗作是对他人作品的翻译或者换个说法；莎士比亚，他的剧本忠实于其资料出处，几乎一字不差；还有弥尔顿，他

① Northrop Frye, Anaomy of Criticism. Four Essays 97 (1957)，转引自兰德斯，波斯纳．金海军译．知识产权法的经济结构．北京：北京大学出版社，2005：76。

除了尽可能多地从《圣经》中窃取一些东西来，还能什么”[①]。乔叟、莎士比亚和弥尔顿他们对其他具有完全独创性的作品的引用，或许可能构成了我们现代意义上所谓的侵权（如果当时的作品受到现代版权法保护的话），但是他们的作品却是更高层次性的创造。在绘画领域中也有同样的情况，如马奈的最为著名的作品《草地上的午餐》包括了对拉斐尔、提香和库贝尔等人作品的复制。在影视剧方面，《窈窕淑女》是以萧伯纳的《卖花女》为蓝本的，《上流社会》是以《费城故事》为基础的。在各个与版权相关的领域内，这种情况层出不穷。

在 20 世纪末就出现了类似的最为著名的案例。英国女作家 J. K. 罗琳因其小说《哈利·波特》的热卖，在全世界掀起了一股旋风，她本人也因此成为世界名人。《哈利·波特》系列丛书的第七集《哈利·波特与死圣》已于 2007 年 7 月 21 日全球同步发行。然而，一个叫南希·斯托弗的美国女作家则声称，罗琳的哈利·波特系列图书剽窃了她在 1984 年出版的名为《雷和麻格斯的故事》的作品。斯托弗的作品来源于孩子和历史，她的童话更像是一个讲给成人而不是给儿童听的现代人类社会命运的寓言。而罗琳的故事则似乎更轻松、更儿童化、更艺术化。因此，她的基于原型的再创作取得了更大的成功。对文学原型进行新阐释和新创作，在现代西方文学中早已屡见不鲜。《观察家报》文学编辑罗伯特·麦克拉姆就曾说过：“所有的好作家，只要他们诚实，都愿意承认，当他们在别人的书中看到精彩内容时，都会有意或无意地记下来以备后用。……我认为有创造力的作家们早就该宣布他们有借用别人创作的权利，根本无需感到耻辱的时候了。”

最终罗琳赢得了这场烦扰她多年的官司。美国联邦法庭驳回了南希·斯托弗对罗琳剽窃的指控，并处罚金 5 万美元。此次裁决是对这场持续数年官司的一次了结。自 1999 年以来，双方一直在相互进行诉讼与反诉讼。但斯托弗的律师托马斯·麦克纳马拉则称他正在考虑提出新的诉讼申请。而另一面，罗琳在荷兰又赢得诉讼，禁止了一本《哈利·波特》的俄罗斯仿作在该国发行。俄罗斯作家德米特里·叶梅茨所著的《魔法低音提琴》塑

① Northrop Frye, Anaomy of Criticism. Four Essays 97 (1957)，转引自兰德斯，波斯纳. 金海军译. 知识产权法的经济结构. 北京：北京大学出版社，2005：76。

造了一个名叫东妮娅·格罗特的会行巫术的小姑娘。阿姆斯特丹的法院一纸禁令暂时将俄罗斯小巫女关在了西欧市场的大门之外。法院裁决说,《魔法低音提琴》对《哈利·波特》进行了未获授权的改编,侵犯了罗琳的版权。而此前,《魔法低音提琴》已在俄罗斯市场上卖出了50多万本,还被改编成广播剧和漫画书。

6.1.2 保护原创作者的原创收益

前述案例总体体现出的精神是,通过赋予新作版权来激励后续创新,但仍有其他案例体现了不同的法律精神,也即以保护原创作者的原创收益为首要原则。例如,英国披头士乐团成员之一乔治·哈里森就为他的作品与契夫森合唱团的畅销歌曲"He's So Fine"雷同而感到冤枉。他的创作歌曲"My Sweet Lord"在结构、大部分曲调和部分歌词上都与前者极为相似,但哈里森说他自己从未有意抄袭对方。法官认为,"哈里森搜肠刮肚进行创作时,千万种可能性浮现于脑海。他试试这个,尝试那个,突然,一种令他满意的组合涌现出来,他觉得这肯定也能吸引听众;换句话说,这种组合准能获得成功。为什么呢?因为他潜意识里已经知道有这样一首歌曲已经成功了,但他的意识里并不记得这一点……"尽管法庭确信哈里森不是故意抄袭,但依旧判处其赔偿。最终,"He's So Fine"在美国、英国和加拿大的被侵权案以哈里森赔偿270020美元而告终。但潜意识侵权的原则,被写进了版权法,成了每一个词曲作者的噩梦。

由此可见,版权人的行为大多是从自身利益角度出发的厂商行为,而法院的判决则应该从整个社会福利的角度出发,使判决的实施能够达到社会福利的最大化。版权立法的首要目的是界定相关权利,保护知识原创者的合法权益。同时又要规制产权交易,促进知识的广泛传播与使用,并达到激励后续创新的目的。版权的这种双重立法目的是相辅相成的,即在激励创造与原创性的社会收益之间建立合适的均衡。一方面,新信息生产者在一个不受管制的市场中收回其价值是困难的。通过给予信息生产者以垄断权,该生产者就有一种强有力的刺激去发现新信息。另一方面,垄断者对产品索取高价将阻止该产品使用,消费者可能因难以支付费用而不能充分使用信息,从而无法实现资源配置的最优效率。简而言之,该问题的困惑在于，“没有合法的垄断就不会有足够的信息生产出来，但是有了合法的垄断又不会有太多的信息被使用”。解决这一两难困境的法律途径是，在保护无形财产权的基础上对这种垄断权利实行必要的限制，在保证生产者独占使用其信息的前提下规制他人以不同的条件利用该信息，找到保护原创收益与激励后续创新的最优均衡。

6.1.3 水平差异型作品与垂直差异型作品

在原创收益与后续创新之间，版权法究竟应该保护何者？在原创作者和新作作者之间，版权法又应该倾向于何人？对于这类问题的回答，需要对作品进行分类，把作品基本分为水平差异型作品和垂直差异型作品。对应于不同的作品，运用不同的产品差异理论模型进行解决。将产品差异理论运用到版权经济学研究中具有显著的优势和意义。因为产品差异理论使得作者除了能够进行作品的价格和产量决策以外，还能控制和调整质量参数。已有不少文献开始尝试从产品差异模型考察版权问题。

Christopher S. Yoo(2002，2004)从产品差异化理论考察了版权问题。他认为产品差异理论为重新认识和研究版权提供了全新的道路。它不仅解决了许多常规公共物品理论所无法解释的特征，而且允许多维的竞争，从而打开了最优解决路径的政策空间。产品差异理论还提供了形式化考虑静态和动态效率，达到两者内部结构互相联系。在他看来，对于高度集中的市场的最好政策回应是为了刺激新的进入者而加强版权保护的程度。尽管这在表面上看起来有点讽刺的意味，当固定成本较高，替代性较低导致市场集中度高，使得版权保护的程度也趋于加强。但是只要能够理解接入激励的相互关系也就能很好地解决这个表面上的悖论。从这个角度看，产品差异理论研究版权抓住了经典产权理论的精髓，强调界定清楚的产权能够保持最优的投资和发展的重要性。Paul Belleflamme(2002)以及他与 Pierre M. Picard(2003)合写的文章，都论及了存在复制侵权情况下的信息产品的定价和竞争问题。他们认为，私人小规模的复制侵权活动对信息产品生产者行为的影响主要都是在垂直差异化模型，如 Mussa 和 Rosen(1978)的框架下发展起来的。当复制技术包括边际成本和无固定成本，生产者独立行动。在这个简单的框架下，他强调了事前和事后的效率(即如何提供激励又能限制垄断)。当复制技术包括固定成本而无边际成本时,定价决策是相互影响的。这类策略性的定价博弈可以通过对称的纳什均衡来解释。Matteo Alvisi,Elena Argentesi 和 Emanuela Carbonara(2002)研究了侵权对垄断者质量选择的影响。在缺乏侵权的时候,垄断者无激励去使产品差异化。当存在侵权的情况下,垄断者生产产品的质量会多于一种,差异化是最优策略。这是因为生产者试图将消费者从侵权商品转移到原版品上来。差异化包括生产一种低质量的商品,这样侵权就能被排除,或是垄断者选择质量,这样侵权仍然能在均衡中被观测到。

可见,在版权作品市场中,作者所用的竞争手段更多的是以质量差异为主,在作品中赋予个人的创新精神,使其作品区别于前人或同辈的作品。并且原创作者和新作作者在双寡头市场结构中运用产品差异实现了原创收益与后续创新的均衡。然而,在版权作品市场中,存在着两类不同的子市场:水平差异型作品市场和垂直差异型作品市场。前者如同我们熟悉的教材类作品市场,而后者如同相对比的专著类作品市场。因此我们对应于不同类型的版权作品市场需要相应采用不同的产品差异理论模型。

对于水平差异型作品,以教材类作品为例,在编写过程中确实存在有原作和新作之分,但是对应于一个成熟的理论体系来讲,各种教材的框架基本相同,内容和体例没有太大差异。教材这类作品的销售主要是取决于原作教材和新作教材两个作者的市场定位。因为各大高校都出版自己的教材,并且经由教材作者推荐或指定给自己的学生。学生对教材的消费取决于所处的高校和授业的教师,因此定位距离最近的教师就成了学生所选择的产品的制造者。可见,此类水平差异型作品市场可以近似的被认为是存在水平产品差异的,运用豪泰林模型来解释。

对于垂直差异型作品,以专著类作品为例,在撰写过程中作品本身存在较大差异,即使是在原创作品的基础上进行再创造,也必须在内容和思想等方面存在一定的创新。即使存在模仿,也是在模仿的基础上进行更多的创新,因此从前后作品的质量方面看必然存在较大差异,此类垂直差异型作品市场可以近似的被认为是存在垂直差异的,可类似的用垂直差异产品理论来分析。

下面我们将在豪泰林空间竞争模型(Hotelling,1929)的基础上发展出基于排名效应的水平产品差异模型来解释水平差异型作品市场的情况；在Shieh 和 Peng(2000)文献的基础上拓展出具有模仿创新效应的垂直产品差异模型来解释垂直差异型作品市场的情况。

6.2 基于排名效应的水平差异模型

由于水平差异型作品市场可以近似的被认为是存在水平产品差异的，因此本节在豪泰林空间竞争模型(Hotelling,1929)的基础上发展出基于排名效应的水平产品差异模型来解释水平差异型作品市场的情况。

所谓产品差异，就是指厂商提供的同类产品，由于外观、性能、服务、消费者偏好等方面的不同，导致产品没有完全的可替代性，也就是不"同质"。产品差异是产业组织理论中非常重要的研究领域之一，在经济学理论中产品差异理论往往被分为两种不同的方法：水平差异模型和垂直差异模型(Waterson,1989;Cremer 和 Thisse,1991)。水平产品差异的例子就不存在变量的自然排序了。相应的，所有的产品在相同的价格下销售，消费者对每个产品都有正的需求。在此类模型中，最著名的就是厂商定位或选址模型，即豪泰林空间竞争模型。消费者根据厂商的选址定位来选择理想的产品。所以产品变量是以空间定位为特征的。如果价格相同，消费者从较近的厂商处购买，因此定位不同的消费者对产品的变量就有不同的排序了。后续的发展中，Chamberlin(1951,1962)都把竞争当作一种定位或是空间的差异化现象。D'Aspremont, Gabszewicz 和 Thisse(1979)对豪泰林模型提出质疑，对其模型稍加修改，做了进一步研究，但这些都是基于"线性"模型。Salop(1979)则采用"圆周"模型来讨论多个厂商的竞争。Harter(1993)运用简单的一维定位模型来解释研发过程。Schmitt(1995)则运用豪泰林模型解决国际贸易中的产品模仿问题。其他对空间市场研究的贡献包括消费者搜寻模型(Stahl,1982;Gabszewica 和 Garella,1987)、价格接受企业模型(Abderson 和 Engers,1994)和多产品企业模型，等等。

6.2.1 基本假设

排名效应假设：例如在教材市场里，消费者群体中必然有一部分是原创作者的学生，还有一部分是新作作者的学生，他们被推荐或指定购买其中一部教材。在现实情况中，还存在其他不与任何一个作者有联系的另一类典型消费者。这类消费者的购买主要是取决于别人对两部教材的评价以及使用教材的人数多少也即使用者的规模，如果使用其中一部教材的人数越多而且评价越高，他们会倾向于购买该部教材，因此当考虑他们的情况时，可以通过构建一个基于排名效应的水平差异模型来解释此类情况。图书市场有个特有的现象，在一段时间内各大出版社和各个门类的书店会公布其近期各类图书的销售情况，并以畅销排行榜的形式出现。随着网络的发展，图书销售的排名情况已是公开的信息，被消费者广泛所知①，消费者在购买图书的过程中会参考近期的排名情况进行购买。同样，在教材市场中也有类似的畅销教材排名情况，越是畅销的教材拥有越多的消费者，且对后来的消费者的购买产生影响，这就是所谓的排名效应。这种效应类似于网络效应，消费者对网络的效用评估取决于网络的用户规模。

生产者假设：第一是关于定位，假定有一个长度为1的线性教材类版权市场，仅存在两个作品和两个生产者，也即原创作品与新作作品以及原创作者与新作作者。消费者均匀分布在[0,1]区间里，分布密度为1。新作作者与原创作者分别位于市场的两端，假定原创作者位于 $x=0$ 处，新作作者位于 $x=1$ 处，两个作者可以无成本地改变位置。第二是关于定价，两个作者可以同时选择自己的价格策略，定价分别为 P_1 和 P_2 。第三是关于成本，假定 I 为原创作者的固定创作成本，也即表达成本，而新作作者的创作成本远远小于 I ，因此这里将新作作者的表达成本假定为0；此外无论对于原创作品还是新作作品，其他的出版发行的相关费用都假定为0，两个厂商的边际成本也都为0。

消费者假设：消费者购买教材的效用包括三个部分，一是作品本身消费的基本效用，由于假定原创作品与新作作品在物质性能上是同质的，所以两个作品都能给消费者带来大小为 V 的基本效用。二是作品水平差异带来的特殊偏好效用，此特殊效用取决于消费者与教材作者的距离 x ，距离越

① 如畅销榜，http://www.wl.cn/zhuanti/060829/#2；如中国高校教材图书网：http://sinobook.com.cn/press/。

小特殊效用越高。假定原创作者指定其学生也即某消费者购买原创作品，则此消费者获得的特殊效用为 $u_1(x) = t(1-x)$,其中，t 表示消费者对水平差异的边际支付意愿,也可以理解为一种关系偏好参数，$t > 0$ ，$\partial u_1/\partial x < 0$ 。同理,新作作者指定其学生购买新作作品,则此消费者获得的特殊效用为 $u_2(x) = tx$ ，$\partial u_2/\partial x > 0$ 。三是作品的排名效应所带来的效用,假定基于排名效应的效用大小为 Rn ,其中 R 表示排名效应的强度，n 表示市场规模的大小,也即已有的该教材的消费者数量。

6.2.2 博弈过程分析

根据上述假设,可以得到在教材市场中两个生产者即原创作者与新作作者的博弈过程。第一阶段,原创作者先于新作作者创作出作品并定价 P_1 进入市场,且获得排名效用 Rn 。此时,新作作者可以决定是否编写新版教材进入该市场。第二阶段,如果没有一定的市场份额和可预期的利润,新作作者不进入该市场;如果存在较大的市场份额和可预期的利润,新作作者进入该市场。消费者可以决定购买原创作品还是新作作品。

在第一阶段中,对于典型消费者来说,购买原创作品的总效用为：$U_1 = V + u_1 - P_1 + Rn$,购买新作作品的总效用为：$U_2 = V + u_2 - P_2$ 。当 $U_1 > U_2$,且 $U_1 > 0$ 时,购买原创作品;当 $U_1 = U_2$,且 $U_1, U_2 > 0$ 时,原创作品与新作作品无差异;当 $U_1 < U_2$,且 $U_2 > 0$ 时,购买新作作品。

当 $U_1 = U_2$ 时,即 $V + u_1 - P_1 + Rn = V + u_2 - P_2$,可以得出 $x_0 = \frac{P_2 - P_1 + t + Rn}{2t}$ 。若 $x_0 \geqslant 1$,也即 $Rn \geqslant t + P_1 - P_2$ 的时候,所有消费者都购买原创作品。因为当原创作品的排名效应足够大的时候,原创作者占据了所有的市场份额,新作作品不会进入该市场。当 $0 < x_0 < 1$,也即 $P_1 - P_2 - t < Rn < t + P_1 - P_2$ 的时候,新作作者进入教材市场,且部分消费者会选择新作作者,进入第二阶段。

第二阶段中,两部作品都具有排名效应,对于典型的消费者来说,当其 $U_1 = U_2$ 时,即 $V + u_1 - P_1 + R(1-x) = V + u_2 - P_2 + Rx$,可以得出 $x_0' = \frac{P_2 - P_1 + t + R}{2t + 2R}$ 。在 x_0 左边的消费者购买原创作品,在 x_0 右边的消费

者购买新作作品。原创作者的市场份额为 $x_0' = \frac{P_2 - P_1 + t + R}{2t + 2R}$；新作作者的市场份额为 $1 - x_0' = \frac{P_1 - P_2 + t + R}{2t + 2R}$。

6.2.3 作者利润和社会福利分析

原创作者利润为 $\pi_1 = P_1 x - I$；新作作者利润为 $\pi_2 = P_2(1 - x)$。

社会福利函数表示为：

$$
\begin{aligned}
W &= \pi_1 + \pi_2 + xU_1 + (1 - x)U_2 \\
&= P_1 x - I + P_2(1 - x) + x[V + t(1 - x) - P_1 + R(1 - x)] \\
&\quad + (1 - x)[V + tx - P_2 + Rx]
\end{aligned}
$$

令 $\partial W / \partial x = 0$，可以得到实现社会福利最大化的均衡水平差异值：

$x^* = \frac{1}{2}$。

以上模型是假设两个作者位于该教材类版权市场的两端，两部教材几乎是同质的，把消费者与教材作者的关系差异解释为产品横向的差异。关系越近，意味着对产品特殊效用的评价越高，产品的水平差异越大，则作者从中取得的利润也越多。因此，每个作者都会倾向于加强对两边的消费者的垄断力量，采用各种手段或推荐或指定强制销售自己的教材。在教材市场上，该如何解决激励与接入的问题，笔者认为：第一，对于排名效应足够强的原创作品应该给予较强的版权保护；第二，对于新作的教材作品，必须是具有一定的市场规模，占有一定的市场份额的新作教材才能给予其版权保护。

6.3 具有模仿创新效应的垂直差异模型

由于垂直差异型作品市场可以近似的被认为是存在垂直差异的，可类似的用垂直差异产品理论来分析，因此本节在 Shieh 和 Peng(2000)文献的基础上拓展出具有模仿创新效应的垂直产品差异模型来解释垂直差异型作品市场的情况。

垂直产品差异的特征定义是所有的消费者对产品的变量有相同的排

序，例如消费者认为产品的质量变量是有差异的，那么每个消费者都偏好于高质量的产品。然而，如果价格是同一的，那么所有的消费者的购买都相同。这类研究主要是在 Chamberlin(1933)的基础上，经过 Dixit 和 Stiglitz(1976)以及 Spence(1976)的发展，达到一定的程度。但垂直差异化这一术语却是源于 Lancaster(1979)的著述。此后，Flam 和 Helpman(1987)将该理论运用在南北国际贸易问题的分析之中，而 Lynne Pepall(1997)将理论运用在产品创新过程之中。

很多经济学家都已经注意到水平和垂直的产品差异模型可以得到相似的结论。这方面最早的研究可见 Shaked 和 Sutton(1983)的文章。他们认为垂直产品差异模型的特征可以被视为"回忆性"的定位模型。Neven(1986)、Champaur 和 Rochet(1989)也认为一些特别的垂直差异模型和水平差异模型会导致相同性质的结论。Cremer 和 Thisse(1991)也证明了在作出一些适当的关于运输成本的假定后，任何豪泰林的空间竞争模型都可以成为垂直产品差异的特殊案例。

6.3.1 基本假设

生产者假设：①在垂直差异型作品市场如专著类作品市场上存在两个作者，分别是原创作者 1 和新作作者 2。新作作者是在原创作者的基础上进行再创新，因此在作品的创新程度上必然要高于原创作者，否则不可能获得市场。所以，可以假定原创作品与新作作品两者存在垂直差异，产出可以用 $q_i(i=1,2)$ 表示，同时 q_i 也表示产出的质量。② 原创作者创新产品，原创作品的质量为 q_1，$q_1 \in [\underline{q}, \bar{q}]$。新作作品借鉴模仿原创作品，并在原创作品的基础上提高质量，这就是所谓的模仿创新效应。新作作品的质量为 q_2，$q_2 \in [\beta \underline{q}, \beta \bar{q}]$，$\beta$ 为模仿创新效应系数。③ 由于存在所谓的模仿创新效应，新作作者的质量必须高于原作作者的质量，才能获得市场，也即假定 $q_2 > q_1$。④ 两位作者创作和生产的表达成本为 I_i，与质量水平有关，$I_i(q_i) = \delta q_i$。I_i 与 q_i 为正相关，也即随着质量水平的上升，表达成本也上升，δ 为成本的边际增长率是在(0,1) 内的一个固定值。

消费者假设：①消费者以 p_i 价格消费作品，消费者剩余 $CS_i = uq_i - p_i$，u 为质量偏好系数，$u \in [0,1]$。偏好原创作品的消费者，会一直购买原创作品，直到 $CS_1 = uq_1 - p_1 = 0$，可以得到 $u_1 = \frac{p_1}{q_1}$；偏好新作作品的消费者，会一直购买新作作品，直到 $CS_2 = uq_2 - p_2 = 0$，可以得到 $u_2 = \frac{p_2}{q_2}$；如果消费者对原创作品和新作作品无差异的时候，$uq_1 - p_1 = uq_2 - p_2$，也即 $u_{1,2} = \frac{p_1 - p_2}{q_1 - q_2}$。② 由于质量改进，成本上升，导致价格也随之上升到 $p_i + \delta q_i$。当质量改进到边际成本与边际收益相等的时候，消费者对质量改进偏好没有差异时，作者也就没有改进质量的动力了，此时 $CS = uq_i - (p_i + \delta q_i) = 0$，也即 $p_i = (u - \delta)q_i$，此处 $u \geqslant \delta$ 。

6.3.2 博弈过程分析

根据上述假设，可以得到在专著市场中两个生产者即原创作者与新作作者的博弈过程。第一阶段为质量博弈，两个作者决定各自的质量差异。原创作者创新产品，原创作品的质量定为 q_1 ，新作作品借鉴模仿原创作品，并在原创作品的基础上提高质量，具有模仿创新效应的新作作品的质量定为 q_2 。第二阶段为价格博弈，两个作者根据各自的差异化质量决定各自的差异化价格。消费者可以根据自己对质量的偏好决定是购买原创作品还是新作作品。

(1)价格博弈

如果两个作者生产相同质量的作品，则在第二阶段的价格博弈中为伯川德价格竞争，最终利润为零。为了避免该结果的出现，两个作者都会自然选择差异化竞争策略，且根据假定 $q_2 > q_1$ 。因为原创作品先于新作作品问世，已经有部分消费者，新作作品与原创作品处于相同的研究领域，只有新作作品的质量高于原创作品，才会有偏好新作质量的消费者愿意购买新作。

由于质量偏好系数 $u \in [0,1]$，当对新作作品的质量偏好 $u_2 > u_{1,2}$ 的时候，消费者中才有人开始购买新作作品，且市场上其余的人仍然选择原创作品。由此，可以得到市场需求：

$$D_1 = u_{1,2} - u_1 = \frac{p_1 - p_2}{q_1 - q_2} - \frac{p_1}{q_1} \tag{6-1}$$

$$D_2 = 1 - u_{1,2} = 1 - \frac{p_1 - p_2}{q_1 - q_2} \tag{6-2}$$

每单位商品的利润为 $p_i - \delta q_i$ 。结合式(6-1)和(6-2)可以得出两个作者各自的利润函数：

$$\pi_1 = \left(\frac{p_1 - p_2}{q_1 - q_2} - \frac{p_1}{q_1}\right) \times (p_1 - \delta q_1) \tag{6-3}$$

$$\pi_2 = \left(1 - \frac{p_1 - p_2}{q_1 - q_2}\right) \times (p_2 - \delta q_2) \tag{6-4}$$

根据上述利润函数式(6-3)和式(6-4)分别求解最大化条件：

$$\partial \pi_1 / \partial p_1 = 0 \tag{6-5}$$

$$\partial \pi_2 / \partial p_2 = 0 \tag{6-6}$$

可以得到反应函数：

$$p_1 = \frac{q_1[(q_2 - q_1) + 3\delta q_2]}{4q_2 - q_1} \tag{6-7}$$

$$p_2 = \frac{q_2[2(q_2 - q_1) + \delta(2q_2 + q_1)]}{4q_2 - q_1} \tag{6-8}$$

由式(6-7)和(6-8)可以得到：

$$\begin{aligned} p_2 - p_1 &= \frac{q_2[2(q_2 - q_1) + \delta(2q_2 + q_1)] - q_1[(q_2 - q_1) + 3\delta q_2]}{4q_2 - q_1} \\ &= \frac{(2 + 2\delta)q_2^2 - (3 + 2\delta)q_1 q_2 + q_1^2}{4q_2 - q_1} \\ &= \frac{[(2 + 2\delta)q_2 - q_1](q_2 - q_1)}{4q_2 - q_1} \end{aligned} \tag{6-9}$$

由于，在假定中已经提及 $q_2 > q_1$ ，δ 是在 $(0,1)$ 内的一个固定值，可以知道 $p_2 - p_1 > 0$ ，所以得到 $p_2 > p_1$ 。

以上内容可以概括为推论 1：原创作者与新作作者在相同领域内进行竞争，且假定 $q_2 > q_1$ ，那么两个作者实施差异化价格，两部作品的均衡价格满足 $p_2 > p_1$ 。

(2)质量博弈

当第二阶段的价格给定的时候，可以相应的求出第一阶段的差异化质量。将式(6-7)和式(6-8)代入式(6-3)和式(6-4)，可以得出：

$$\pi_1 = \frac{(1 - \delta)^2 q_2 q_1 (q_2 - q_1)}{(4q_2 - q_1)^2} \tag{6-10}$$

$$\pi_2 = \frac{4(1 - \delta)^2 q_2^2 (q_2 - q_1)}{(4q_2 - q_1)^2} \tag{6-11}$$

利润函数式(6-10)对 q_1 求导,可以推出:

$$\partial\pi_1/\partial q_1 = \frac{(1-\delta)^2 q_2^2 (4q_2 - 7q_1)}{(4q_2 - q_1)} = 0$$

要令上式等于零,则 $4q_2 - 7q_1 = 0$,因此 $q_2/q_1 = \frac{7}{4}$ 。

根据以上分析,可以得出推论 2:原创作者创新作品后,新作作者在其基础上进行模仿创新,新作作品的质量必须达到原创作品的 $\frac{7}{4}$ 以上,也即模仿创新效应系数 $\beta \geqslant \frac{7}{4}$,才能实现产品质量的差异化。

模仿创新效应系数实际上就是一个均衡的质量创新系数。这个系数很好地解决了保护原创收益和激励后续创新的两难问题。一个有效的版权法,应该赋予质量创新系数大于该均衡质量创新系数的新作作品以版权,而对于质量创新系数小于该均衡质量创新系数的新作作品,不应该赋予新的版权。

6.4 激励与接入的代际均衡:案例研究

为了说明激励与接入的代际均衡问题,本节分别选取了国内西方经济学教材作品和基于民间艺术作品模仿创新的《乌苏里船歌》案件作为案例,探讨水平差异型作品和垂直差异型作品的激励与接入的代际均衡问题。

6.4.1 水平差异型作品案例

从作品的角度看,教材作品所包含的创新程度不及专著作品所包含的创新程度高。尤其是对于一个成熟的理论体系来讲,各种教材的框架基本相同,内容和体例没有太大差异。以西方经济学教材为例[①],一般分为微观经济学和宏观经济学两个部分。微观经济学部分主要是以马歇尔的理论为基础,必然包含的章节和理论有:首章在导论部分中介绍经济学的基本思想和方法,必定提到机会成本、稀缺性等概念,接着是需求与供给的价格理论,

① 由于本人从事西方经济学的教学和研究工作,也曾参与编写西方经济学教材,所以以此为例进行研究。

此后是介绍需求背景的消费者理论和介绍供给背景的生产与成本理论，然后是厂商理论、生产要素理论、一般均衡理论和福利经济学。还有部分教材会添加一些微观经济政策和微观理论前沿的内容。在这些基本的章节和理论中，理论表述和模型构建都是雷同的。基本的差异主要是集中在数字和案例方面。宏观经济学部分主要是以凯恩斯的理论为基础，虽然与微观经济学理论相比，结构略为松散，但是必然会包含相同的几大章节：国民收入核算理论、国民收入决定理论、经济增长理论、*IS—LM* 模型、*AD—AS* 模型以及开放条件下的宏观经济学。不同教材的主要差异集中在对经济增长理论和开放条件下的宏观经济学这两部分论述的着重点和难易程度的不同。因此，不难发现，在西方经济学的教材中对西方经济学理论的创新是较少的，新的教材是对原有教材的不同诠释和边际改进。从市场的角度看，教材在出版前一般都已经有明确的受众和特定的对象，可以针对本科生、研究生、博士生或是函授夜大生、自考生等等不同学生群体进行不同的定位。而专著的出版，多数是源于作者对自己创新思想的一种表达欲望。因此，教材是先有市场后有作品，专著是先有作品后有市场。

此外，根据对我国西方经济学教材出版情况的研究，可以发现教材作品的编写、定价以及出版过程还存在以下多种特点①。

第一，教材出版一般都以选择高校出版社为主，尤其是作者所在高校。根据附录 E 的数据汇编，可以发现书名中包含西方经济学的教材共有 77 本，其中 39 本是由高校和科研院所出版社出版的，主要集中在综合型大学和财经类大学，另外的 38 本来自于其他出版社，当然以教育和经济类出版社为主；根据附录 F 的数据汇编，书名中包含微观经济学和宏观经济学的教材共有 119 本，其中 63 本是由高校和科研院所出版社出版的，另外的 56 本来自于其他出版社。两类教材出版社情况比较可参见图 6-1。教材类作品的作者主要是高校教师，而教材类作品的主要市场集中在高校学生群体，因此只要是具有编写出版教材实力的高校，其教师都会针对本校学生编写

① 教材的统计材料主要是针对近年来出现的比较畅销的西方经济学教材，来源于对浙江省新华书店、杭州市江郎书店的调研数据以及博库书城、考研书城、上海新书城等网络书店的统计数据，数据汇编可见附录 D、E、F，附录 D 为西方经济学教材、附录 E 为微观宏观经济学教材、附录 F 为西方经济学教学辅助材料。

教材，以免本校学生购买能力外溢，错失最为成熟的市场。在对西方经济学教材出版社情况考察的过程中，还发现同一院校的出版社会在比较接近的年份中为不同的作者出版类同的或是同名的教材。

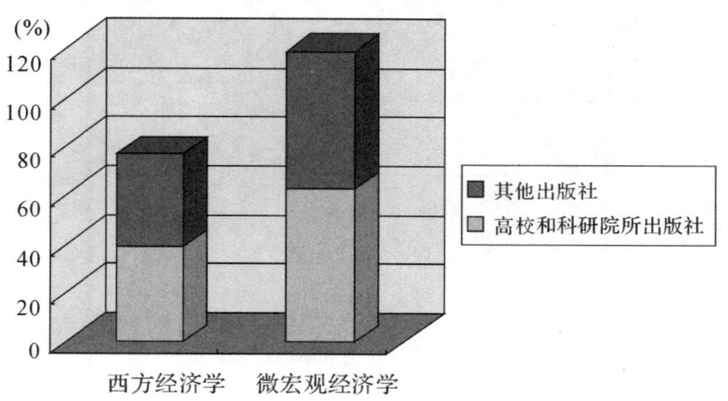

图 6-1　教材出版社情况比较

第二，教材的价格分布一般都比较接近。教材作品的定价一般与所编写的章节数和字数多少以及教材受众的定位有关。西方经济学的教材有不同种类，针对不同的学生群体，因此价格是有所差异的，其中包括财经类专业的教材、管理类专业的教材或是非经管专业类的课程教材，有国家级、省级等各个级别的精品课程类教材，有电大、专升本、高职类、自学考试类的课程教材。根据图 6-2 所示，无论是书名中包含西方经济学的教材还是书名中包含微观经济学和宏观经济学的教材，定价主要集中在 20～30 元这个层次。

第三，教材的版本数较多，基本上都有再版情况。从附录的材料中可以看到，西方经济学的教材再版的情况是较为普遍的，修订版或是修订本较多，有的甚至已经达到了第 5 版或是第 6 版。主要原因在于高校学生生源稳定，教材市场较大。此外，在研究中还发现一种情况，一个作者可能会先后出版几本类似的教材。当一个作者的第一个版本的教材售完时，当然可以以同名出版第二版或是修订版，但也有作者选择稍加改动后以其他的名称进行出版，于是就出现了第二本教材。另外，也有作者针对不同类型的学生适当调整教材的内容和难易程度，出版不同书名的类似教材。

第四，教材的编写过程中，合著的形式较为普遍。教材的编写工作往往

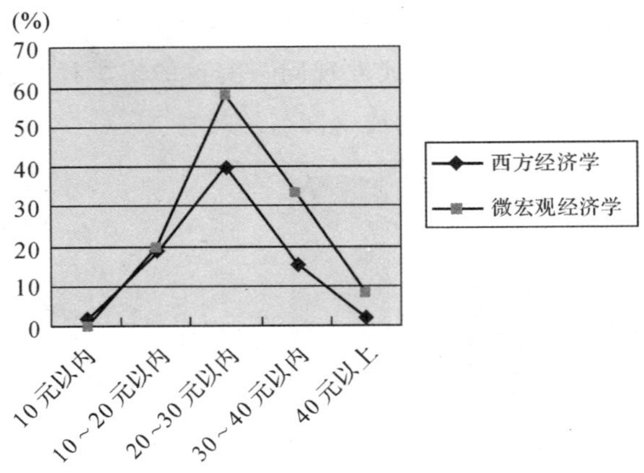

图 6-2　教材价格分布图

是以团队的形式进行的。在封面的署名上，就会出现“某某等编”、“某某主编”的字样，然后在前言或是后记中将团队成员所负责部分进行列明。有的教材直接以两人合著（主编）或是两个以上合著（编）形式出现。

第五，教材的配套材料，包括习题、辅导书以及光盘课件，名目繁多，种类齐全，具体情况可参见附录 G。教材的教学辅助材料较多，其中主要是以习题集形式为主。还有部分是案例集以及与教材配套的各个章节上课课件的光盘，节省了学生从教师处复制课件的环节，同时也可以适当提高教材的定价。

在西方经济学教材市场上，解决激励与接入均衡问题的方法是：第一，对于排名效应足够强的原创作品应该给予较强的版权保护。如萨缪尔森的《经济学》其第 1 版于 1948 年问世之后，至今已有 60 余年的历史，长期以来占据西方经济学教材的市场，成为最畅销的西方经济学教材。如今都已经再版到了第 19 版，被翻译成包括中文、俄文、日文、法文、德文在内的数十种文字，是有史以来发行量最大的经济学教科书。对于类似于萨缪尔森的《经济学》这样的教材应该给予较强的版权保护。第二，对于新作的教材作品，必须是具有一定的市场规模，占有一定的市场份额的新作教材才能给予其版权保护。

6.4.2 垂直差异型作品案例

在讨论垂直差异型作品的激励与接入代际均衡问题时，不得不提到我国著名的《乌苏里船歌》版权纠纷案。《乌苏里船歌》诞生于1962年，是郭颂等人在深入体验赫哲族群众的生产和生活后，借鉴西洋音乐的创作手法完成的。这首歌一经发表，立刻受到了广大人民群众的欢迎，从此一直传唱下来。同时，在我国众多的少数民族中人口最少的赫哲族，也借助着这首歌逐渐被人们所熟悉和了解。联合国教科文组织甚至还将这首曲子选为亚太地区的音乐教材。但是，这首传唱了40多年的《乌苏里船歌》，竟会因为署名问题而引起轩然大波。

1999年11月12日，中央电视台与南宁市人民政府共同主办了"南宁国际民歌艺术节"开幕式晚会。在郭颂演唱完《乌苏里船歌》后，中央电视台节目主持人说："刚才郭颂老师演唱的《乌苏里船歌》明明是一首创作歌曲，但我们一直以为它是赫哲族人的传统民歌。"南宁国际民歌艺术节组委会将此次开幕式晚会录制成VCD光盘，中央电视台认可共复制8000套作为礼品赠送。黑龙江省饶河县四排赫哲族乡政府认为郭颂及相关单位侵犯了其著作权，伤害了每一位赫哲族人的自尊心与民族感情，遂向北京第二中级人民法院提出诉讼，要求被告郭颂及中央电视台停止侵权、公开道歉、赔偿损失①。

法院受理以来，经过了数次庭审。在庭审中，原被告争议的焦点主要是：《乌苏里船歌》是创作还是改编，四排赫哲族乡政府是否具有主张民间文艺作品著作权的主体资格。被告辩称《乌苏里船歌》是郭颂等人借鉴西洋音乐的创作手法创作的。目前全国赫哲族成建制的民族乡有三个，原告只是其中之一，无资格代表全体赫哲族人提起诉讼。原告提交了大量原始资料主张其权利，其代理人认为，《宪法》第119条规定："民族自治地方的自治机关自主管理本地方的教育、科学、卫生、体育事业，保护和整理民族的文化遗产，发展和繁荣民族文化。"国务院批准发布的《民族乡行政工作条例》第三

---

① 李绍章.民间文艺作品法律保护亟待完善，http://article.chinalawinfo.com/article/user/article_display.asp? ArticleID=36667。

条规定："民族乡人民政府依照法律、法规和国家的有关规定，结合本乡的具体情况和民族特点，因地制宜地发展经济、教育、科技、文化、卫生等项事业。"四排赫哲族乡是唯一一个在乌苏里江流域的赫哲族聚居地，作为赫哲族民族乡的四排赫哲族乡人民政府有保护本民族文化财产的权利和义务。

受法院委托，中国音乐著作权协会就《乌苏里船歌》的曲调与赫哲族民歌《想情郎》、《狩猎的哥哥回来了》的异同及关系作出鉴定。鉴定报告认为，《乌苏里船歌》的主部曲调与《想情郎》、《狩猎的哥哥回来了》的曲调基本相同，其引子和尾声为创作。《乌苏里船歌》属改编或编曲，而不是作曲。

根据中国音乐著作权协会对《乌苏里船歌》所做的鉴定意见，北京市第二中级人民法院一审判决郭颂以任何形式使用《乌苏里船歌》时，都应当注明"根据赫哲族民间曲调改编"。郭颂不服，遂向北京市高级人民法院上诉，而高院维持了一审判决。法院在判决书中指出，"四排赫哲族民族乡政府既是赫哲族部分群体的政治代表，也是赫哲族部分群体公共利益的代表，在赫哲族民间文学著作权可能受到侵害时，鉴于权利主体状态的特殊性，为维护本区域内赫哲族公众的权益，在体现我国宪法和特别法律关于民族区域自治法律制度的原则，且不违反法律禁止性规定的前提下，原告作为民族乡政府，可以以自己的名义提起诉讼。……《乌苏里船歌》主曲调是郭颂等人在赫哲族民间曲调《想情郎》的基础上，进行艺术再创作，改编完成的作品。……任何人利用民间文学艺术进行再创作，必须要说明所创作的新作品的出处。这是我国民法通则中的公平原则和著作权法中保护民间文艺作品的法律原则的具体体现和最低要求。因此，郭颂等人在使用音乐作品《乌苏里船歌》时，应客观地注明该歌曲曲调是源于赫哲族传统民间曲调改编的作品。"因此法院作出判决要求郭颂等被告使用《乌苏里船歌》时注明源于赫哲族民间曲调并在报刊上刊登相应声明。

就《乌苏里船歌》的官司问题，部分专家纷纷表示反对"侵权"这一说。2003 年 1 月 26 日，在由中国轻音乐学会和黑龙江省音乐家协会主办的"继承发展民族民间音乐创作研讨会"上，中央音乐学院教授、名誉院长、中国音乐家协会名誉主席、中国音乐著作权协会名誉会长吴祖强，作曲家苏夏、徐沛东、赵季平等十多名作曲家经过讨论后一致认为《乌苏里船歌》是创作而不是改编。吴祖强认为，《乌苏里船歌》的曲子中部采用了赫哲族民歌《想情郎》曲调片段作为素材，经过加工、变化、发展，配合新的歌词构成为整首歌曲的重要组成部分，这种做法在音乐创作中比较常见。据此便将《乌苏里船歌》全曲简单看做《想情郎》的改编曲并不妥当。同时，吴祖强还希望有关司法部门能够对诉讼双方进行适当调解，并帮助正确理解我国的著作权法，也建议歌曲作者在发表和使用这首作品时说明歌曲中采用了赫哲族民歌曲调素材。赵季平认为，《乌苏里船歌》是向民间音乐学习、成功创作的一首深受全国人民喜爱的民歌。这首歌源于生活，高于生活，最终返回人民群众之中，被当地老百姓传唱并认同为自己民族的歌曲，应当说这是每位作曲家努力奋斗的最高目标。《乌苏里船歌》不是简单的改编，而是作者深入生活、为表达地方色彩和民族风格的一次突破性创造。

在一国国土上，由该国的民族或种族集体创作，经世代相传，不断发展而构成的作品，在我国版权法领域通常称为民间文学艺术作品。国际上一般将民间文学艺术作品称为“民间文学表现形式”，以区别于普通作品。民间文学艺术作品的客观存在及其特殊性和价值性决定了它的应受保护性。民间文学艺术作品的法律保护是从 20 世纪 60 年代以后逐步形成和发展起来的，其起始原因在于发展中国家保护自己的传统民族文化，从而提出扩展著作权客体的要求。此前，在发展中国家与发达国家都可以大量无偿地使用发展中国家丰富的民间文学艺术资源。为防止不当或者非法使用民间艺术作品的现象发生，实现发展中国家与发达国家在著作权贸易方面的平衡，一些国家和地区先后将民间文学表现形式列为著作权客体加以保护。在国际保护的法律渊源方面，《伯尔尼公约》1971 年修订本将民间文学艺术作品作为“不知作者的作品”的一种特例来处理，其目的在于反映发展中国家的法律要求，同时又使大多数成员国特别是发达国家能够接受。

形式多样的民间文学艺术作品，无论是在内涵上还是在外延上所表现出来的特点，都超越了一般知识产权法界定的作品内涵。一般作品的作者是特定的，著作权主体明确，但民间文学艺术作品的作者是不明确的，缺少特定性，具有群体性或者集体性，是集体智慧的结晶；一般作品会有特定的完成时间，但民间文学艺术作品则是不断传承、不断发展的，具有长期性与继承性，而世代相传的过程中又在不断发展与创新，所以又具有了所谓的“变异性”。民间文学艺术作品的价值性决定了各国版权法和国际版权公约必须给予其较为严格的保护使其不至于消亡，但是其所具有的传承性和变异性又决定了法律需要给予其宽松的保护，用以鼓励后续创作者的再创作和再创新。因此，法律在考虑此类民间文学艺术作品的保护时，要实现一个激励与接入的代际均衡。对于《乌苏里船歌》这类不是简单的改编，而是具有突破性创造的垂直型作品应该给予版权的保护，不应认定其为侵权作品。

6.5 本章小结

水平差异型作品和垂直差异型作品是两类不同的作品，因此本章分别构建了基于排名效应的水平差异模型和具有模仿创新效应的垂直差异模型来解决两类作品市场的原创收益和后续创新的代际均衡问题。

基于排名效应的模型是假设两个作者位于该教材类版权市场的两端，两部教材几乎是同质的，把消费者与教材作者的关系差异解释为产品横向差异。关系越近，意味着对产品特殊效用的评价越高，产品的水平差异越大，则作者从中取得的利润也越多。因此，每个作者都会倾向于加强对两边的消费者的垄断力量，采用各种手段或推荐或指定强制销售自己的教材。在教材市场上，要解决激励与接入的问题，必须做到：第一，对于排名效应足够强的原创作品应该给予较强的版权保护；第二，对于新作的教材作品，必须是具有一定的市场规模，占有一定的市场份额的新作教材才能给予其版权保护。

任何作品的差异必须是"有价值"的差异，也就是能够带来消费者真实效用增加的差异，才能被称为有意义的差异，才是有利于社会进步的差异。在专著市场的产品垂直差异模型中，原创作者与新作作者在相同领域内进行竞争，且假定 $q_2 > q_1$ ，那么两个作者实施差异化价格，两部作品的均衡价格满足 $p_2 > p_1$ 。原创作者创新作品后，新作作者在其基础上进行模仿创新，新作作品的质量必须达到原创作品的 $\frac{7}{4}$ 以上，也即模仿创新效应系数 $\beta \geqslant \frac{7}{4}$ ，才能实现产品质量的差异化。模仿创新效应系数实际上就是一个均衡的质量创新系数。这个系数很好地解决了保护原创收益和激励后续创新的两难问题。一个有效的版权法，应该赋予质量创新系数大于该均衡质量创新系数的新作作品以版权，而对于质量创新系数小于该均衡质量创新系数的新作作品，不应该赋予新的版权。这样的版权制度才能以有效和充分保护知识创作者和全体社会的福利为核心，使版权制度的激励机制得以充分发挥。同时也发挥了版权制度的作为调节机制和约束机制的作用，使版权人的个体利益与社会的整体利益得以合理的平衡、协调。

在激励与接入代际均衡的案例分析中，本章分别考察了国内西方经济学教材作品和改编自民间文学艺术的《乌苏里船歌》两个案例，并得出了具有一定实践意义的结论。在西方经济学教材市场上，解决激励与接入均衡问题的方法是：第一，对于排名效应足够强的原创作品应该给予较强的版权保护。也就是说，对于类似于萨缪尔森的《经济学》这样的教材应该给予较强的版权保护。第二，对于新作的教材作品，必须是具有一定的市场规模，占有一定的市场份额的新作教材才能给予其版权保护。法律在考虑民间文学艺术作品保护问题时，也要实现一个激励与接入的代际均衡。对于《乌苏里船歌》这类不是简单的改编，而是具有突破性创造的垂直型作品应该给予版权的保护，不应认定其为侵权作品。

7 激励与接入的时际均衡

综观版权法的历史，不难发现复制技术与版权法的变革之间存在着特有的关系。复制技术的变化导致了版权市场的原有均衡发生改变，版权制度的相关利益人的均衡关系受到影响，因此必然要求变革现有的版权制度，版权制度利益均衡实现重新调整，并达到新的均衡。基本上复制技术就是沿着“复制技术变迁——版权制度利益的失衡——版权制度变革——版权制度利益的新均衡”的路径，影响着版权制度的产生和变革。吴汉东教授关于版权与复制技术关系的阐释也有精辟论述。他认为，两者之间的关系可以从下列两层意义表述：一是随着印刷技术的出现，作品的载体——图书生产成本降低而且可以成为商品，从而可以为印刷商或者作者带来收益；二是大量的复制与传播使得印刷商或者作者无法像控制手抄本那样控制、管领自己的无形财产权，从而产生了由法律给予特殊保护的需要。[①] 因此本章试图沿用波斯纳和兰德斯(2003)的思路，通过形式化的模型解释复制技术与版权法变革的关系。具体而言，把复制技术分为信息替代型技术和信息互补型技术，分析两种不同类型的技术对版权法的不同影响途径。

7.1 技术变迁条件下的激励与接入均衡

本节首先从复制技术变迁与版权法变革的关系入手，探讨技术变迁条件下激励与接入的时际均衡问题。进而阐述复制技术中的模拟技术与数字技术的特征，并根据信息传播特征将模拟技术归结为一种信息替代型技术，而将数字技术归结为一种信息互补型技术。

7.1.1 复制技术变迁与版权法改革

版权制度就是随着各种复制和传播技术的发展而逐步健全和完善起来

---

① 吴汉东.著作权合理使用制度研究.北京：中国政法大学出版社，1996：63。

的。戈尔茨坦(Goldstein)在1994年所著的书中写道:"版权从诞生之日起就是技术的孩子。在印刷术发明之前,版权就没有存在的理由。几个世纪之后,照片、录音制品、电影、录像机、CD和数字计算机等戏剧性地扩展了可机械复制娱乐和信息的市场,也增强了版权在规范市场秩序方面的功能。"[①]科技的发展使得复制技术日益创新,版权因此受到威胁。静电复印技术导致了纸质文本的广泛传播,也促进了期刊和出版行业的兴起;摄像和录像技术的进步导致了音频和视频文件的扩散,同样使得有线电视和无线电频道等问题进入研究的领域;网络技术和P2P技术使得信息资源得以共享,但对音像行业产生了重大影响。如果技术保持不变,强化法律就会增加版权保护的力度;如果法律保持不变而技术在发展,版权保护就会被削弱。[②] 从这个意义上讲,版权和科学技术之间始终存在着斗争,并且相互促进发展。版权法也因此长期存在于一种不断面临威胁并及时调整和改革的状态中。面对历史上复制技术的几次更新,版权法都逐步调整和修改,扩展保护范围和增加保护力度,达到法律对非法复制的遏制效果。版权法经历了印刷技术、广播电视技术和数字技术的三次重大飞跃。版权保护也扩展到其他各种形式所表现的创造性作品和行为中,将舞蹈、绘画、建筑、制陶、摄影、动画、唱片和磁盘等文化作品和活动以及卫星广播、电视、电脑程序软件、集成电路布图设计等数字作品和行为都纳入了版权保护的范畴中。

技术与法律是推动社会信息化的两种外部力量,但这两种力量并非同步增长。技术是个人价值追求的结果,变化迅速;法律是不同集团之间利益均衡的产物,往往滞后;而这种不协调状态在版权领域中表现得尤为明显。版权市场是整个经济市场的一个组成部分,它也存在着局部均衡和一般均衡,受内生因素和外生因素变化的影响。当版权市场内生因素发生变化时,可能导致版权市场的局部不均衡,因而就需要根据其变化来修改版权法,完善版权法律制度。当版权市场的外生因素(可以是整个市场体系)发生变化时,版权市场与其他市场之间的均衡关系被破坏,也能导致版权市场的变化,同样需要完善版权法律制度,使版权市场与其他市场之间的关系重新达

① Goldstein P. 版权高速公路. 从古登堡到自动点唱机中的版权法律和知识. 纽约:Hill & Wang出版,1994:27～28。

② 劳伦斯·莱斯格. 代码. 北京:中信出版社,2004:154。

到平衡。由此可见，激励与接入的利益均衡引导着版权法律制度的完善，使版权市场的各种利益从均衡到失衡后再回到均衡状态。Goldstein 曾经估计美国《著作权法》每完成一次大型的修改，往往是在新技术到来的 20 多年以后。

当面对新出现的复制技术，司法体系往往处于一种两难的境地：如果将利益的天平倾向于版权人，则会导致版权的扩张，强化了对版权人的保护；如果将利益的天平倾向于消费者，以当前现有的立法为基准，允许消费者自由使用新的复制技术带来的新知识产品，则会出现相对于新技术条件而言对版权保护的不足。因此，这种激励与接入的时际均衡实际上就是推动版权制度从初期产生到后期变革的主要动因。

7.1.2 信息替代型技术与信息互补型技术

传统的模拟技术与现代的数字技术对版权法的发展都起到了至关重要的影响，但是两者的影响方式存在着本质的区别，两者分别沿着不同的路径对版权法产生影响。

伴随着技术进步，版权的控制范围长期处于调整变化之中。在整个印刷版权时代，版权的效力一般不及于非商业性的私人复制行为，因为在当时一般公众并不具备印刷作品的能力，私人复制基本上还依赖手工抄写，不会损害版权人的经济利益。到了 20 世纪，由于静电复印机和录音录像设备的大规模出现，作品的复制成本大大降低而复制质量又日趋完美，私人复制更为普遍并开始影响到作品的市场销售状况，版权人不能再容忍私人复制行为继续游离于其专有权之外。因此欧洲一些国家则开始征收复印和复录版税，对复印机、复印纸、录音录像设备和空白磁带征税以弥补版权人因为私人复制增加而减少的收入。20 世纪 80 年代，美国版权人在禁止人们出租录音录像带或计算机软件方面取得成功，其理由是这种出租会刺激非法复制。20 世纪的 90 年代，版权人与作品使用者达成妥协，通过了家庭录音法案，该法案要求录音设备采取必要的技术措施阻止后续复制。由此可见，在前数字时代，复制技术越先进、复制成本越低廉、复制技术应用越普及，版权的效力范围越大。一部复制技术发展史其实就是版权人所享有的版权不断扩张的历史。当复制技术从传统复制技术走向数字复制技术后，现实中出现的版权问题变得更为复杂。

两种技术对版权制度产生不同的影响,主要是源于两者在技术特征上存在着较大的差异。所谓数字技术(digit technology)就是能将任何信息——文字、声音、图像、动画等都以数字代码的形式转化成二进制(0 或者 1)的数字语言,交给计算机处理的技术。与数字技术相对应,印刷技术和广播电视技术又可称为模拟技术(analog technology)或传统技术。数字技术的出现给作品的创作、传播、保护和管理带来了一系列变化。数字技术是通信技术、微电子技术和计算机技术的总称,目前已经历经了三个发展阶段。20 世纪 70 年代中期,个人计算机开始发展起来,进入到数字技术的第一阶段。20 世纪 80 年代中期,多媒体技术和数据库得到长足发展,进入到数字技术的第二阶段。20 世纪 90 年代以后,多媒体技术与计算机网络技术结合,数字技术开始进入第三阶段。数字技术与模拟技术存在以下几方面差异:第一,几乎所有传统的作品都可以数字化。第二,数字技术的压缩功能引入到作品的复制中,能使作品的复制更加迅捷、方便、廉价,不仅容量惊人而且质量完美。第三,借助于数字技术的加工和取样功能,不同艺术风格的文本、图形、图像和声音在数字状态下可以任意地组合、增删、移位和重新排序。第四,个人化服务是信息服务的发展方向。数字技术的传输功能可以通过计算机网络把作品等信息从一个地方送到另一个地方,节目的播送将由过去的面向一般公众发展到面向人数有限的特定的用户群,甚至延伸到为公众中的每一位成员。

从经济学的角度看,传统的模拟技术是一种信息替代型的技术,而现代的数字技术是一种信息互补型的技术。两种技术对复制品和原版作品的关系产生不同的影响。在传统的复制技术中,复制品是原版作品的替代品,复制品的出现将会减少部分本来愿意购买原版作品的消费者对原版作品的购买。因为复制品和原版作品虽然在质量上并不一定是完全替代的,但从载体和内容上看两者是相同的。经过影印复制的盗版书籍、经过翻录的音乐 CD 或是影视 VCD 都是具有与原版作品相同的形式,并以此相同或是相类似形式吸引部分消费者。但是数字技术所提供的数字作品与原版作品不是相互替代的关系,而是一种互补关系。因为版权法保护的作品是一种典型的体验性商品,消费者在作出购买决策之前需要知道关于所购买商品的大量信息。数字时代使得消费者可以通过搜寻、下载和测试数字版本的作品，来获得他们喜欢的和意欲购买的商品的有关信息。数字技术提供的复制品与原版作品在形式上是有较大差异的。例如，尽管消费者在网络上已经免费听过了手机铃声，但是他们仍然会选择下载到手机上继续购买并消费；尽管消费者在网络上已经免费阅读了数字作品，但是他们仍然会购买原版图书作为延伸阅读的对象；尽管发烧友们已经在网络上听到了喜爱歌手的最新作品，但是他们仍然会选择购买正版的唱片大碟。从这个角度看，传统的模拟技术与现代的数字技术对作品的销售存在着不同方向和不同路径的影响。模拟技术的复制会减少原版作品的销售数量，而数字技术的复制可能会增加原版作品的销售数量。下面部分将在激励与接入的基期均衡上，通过构建一个扩展的时际均衡模型来比较两种技术对版权作品以及版权法的不同影响。

7.2　激励与接入的基期均衡

版权法的两个目标为：一是在激励创造和原创性的社会收益之间建立正确的平衡；二是保护作者的人身权利。经济学家运用经济理论分析版权法主要是以第一个目标作为准则的。如何在激励原创作者的创造活动和社会公众从接入过程中获得的社会收益之间建立合理的均衡，就是版权法必须面对的“激励—接入”两难困境。

假定：P 为作品价格；Q 为作品的需求数量；C 代表作品生产的边际成本；I 为表达成本，表达成本是版权保护综合维度的函数，$I = I(z)$；z 表示版权保护的综合维度，$z \in [0,1]$，它是版权期限、版权保护范围以及版权严格程度总和的表示，$z = 0$ 时表明无保护，$z = 1$ 时表明完全保护。

作品出版后，出版商和作者通过版税合同分享收益，因此该模型不严格区分出版商和作者的差异，通称为厂商。厂商利润可以表示为：$\pi = (P - C) \cdot Q(P) - I(z)$。

令 $\partial \pi / \partial P = Q(P) + (P - C) \cdot Q'(P) = 0$，可以得出：

$$P^* = C - \frac{Q(P)}{Q'(P)}$$

用 N 代表设立版权制度之后，被激励创作完成的作品的总数量，包括一部分原有作品的作者继续创作的数量主要是受到利润的影响；另一部分新作作品的作者创作的数量主要是受到版权保护综合维度的影响。$N = N(\pi, z)$，并且 $\partial N/\partial \pi > 0, \partial N/\partial z < 0$。

代表社会公众福利水平的消费者剩余：$CS = \int_{P^*}^{\infty} Q(P)\mathrm{d}P$。版权制度本身的成本 E，包括管理成本和执行成本，取决于被激励创作完成的作品的总数量和版权保护的程度，也即 $E = E(N, z)$。数量越多，版权制度成本越高，保护综合维度越高，版权制度成本越高，$\partial E/\partial N > 0, \partial E/\partial z > 0$。

要解决"激励—接入"的两难困境，就是要在原创作者、消费者和后续创作者之间建立合理的利益均衡，也即达到各个利益群体的社会总福利的最大化。而此模型的社会总福利函数可以表示为每一部作品能够给作者带来的利润和消费者剩余与版权制度激励出来的总的作品数量之积减去实施版权制度的成本：

$$\begin{aligned} W &= N(\pi, z) \cdot [\pi + CS] - E(N, z) \\ &= N(\pi, z) \cdot \left[(P - C) \cdot Q(P) - I(z) + \int_{P^*}^{\infty} Q(P)\mathrm{d}P\right] - E(N, z) \end{aligned}$$

能够使上述社会福利函数达到最大的最优版权保护综合维度为：

$$\begin{aligned} z^* &= \arg\max W \\ &= \arg\max\Big\{N(\pi, z) \cdot \big[(P - C) \cdot Q(P) - I(z) \\ &\quad + \int_{P^*}^{\infty} Q(P)\mathrm{d}P\big] - E(N, z)\Big\} \end{aligned}$$

7.3 时际均衡模型

复制技术的进步直接导致了社会中另一个新的利益群体即复制者的出现。他们的出现，对原有的基期社会均衡起到了破坏的作用，并且在总的社会福利函数中将不得不考察他们的福利问题，因此由此得出的最优的版权保护综合维度也将有别于之前的最优保护综合维度。在激励与接入的基期均衡模型的基础上，考察复制者的供给，他们的供给水平取决于复制品的价格和版权保护综合维度，$y = y(P_c, z)$，并且 $\partial y/\partial P_c > 0, \partial y/\partial z < 0$。复

制品的价格 P_c 介于 $[P_0, P]$ 之间，其中，P_0 为复制者所愿意生产一个复制品的最低价格，满足 $y(P_0, z) = 0$ 。复制者的边际复制成本为 C_c ，并且该复制成本会随着复制技术的不断进步而日益变小。复制者的利润可以表示为：$\pi_c = (P_c - C_c) \cdot y(P_c, z)$。当令 $\mathrm{d}\pi_c/\mathrm{d}P_c = y(P_c, z) + (P_c - C_c) \cdot \partial y/\partial P_c = 0$ ，可以得出：$P_c^* = C_c + \dfrac{y(P_c, z)}{\partial y/\partial P_c}$ 。

现在原作作者的销售数量为 x ，而不是原先的 Q ，且 $x = Q - \eta y$ 。η 代表的是复制品与原版作品的信息替代程度，$\eta \in [-1, 1]$ 。当 $\eta \in [0, 1]$ ，表明复制技术是一种信息替代型的复制技术，也即属于传统的复制技术范畴。因此，此类复制技术的变迁，会导致传统的复制品替代原版作品，因此原作作品的销售数量下降。当 $\eta \in [-1, 0]$ ，表明复制技术是一种信息互补型的复制技术，也即属于数字复制技术范畴。因此在数字复制技术变迁的条件下，数字复制品的出现对原版作品起到信息互补的效应，所以可能会导致原作作品销售数量的增加。

由此可以得到，原作作者利润为：

$$\pi = (P - C)x - e(z) = (P - C)[Q(P) - \eta y(P_c, z)] - I(z)$$

当我们令 $\mathrm{d}\pi/\mathrm{d}P = [Q(P) - \eta y(P_c, z)] + (P - C)Q'(P) = 0$ 的时候，可以得出：

$$P^* = C + \frac{\eta y(P_c, z) - Q(P)}{Q'(P)}$$

总的消费者剩余应该包括两部分，一部分是消费原作品的消费者的 $CS_1 = \int_{P^*}^{\infty} Q(P)\mathrm{d}P$ ，另一部分是消费复制品的消费者的 $CS_2 = \int_{P_0}^{P_c^*} y(P_c, z)\mathrm{d}P_c$，所以总的消费者剩余为：$CS = \int_{P^*}^{\infty} Q(P)\mathrm{d}P + \int_{P_0}^{P_c^*} y(P_c, z)\mathrm{d}P_c$。

此时的社会总福利函数就可以重新表示为：

$$\begin{aligned} W &= N(\pi, z) \cdot [\pi + \pi_c + CS] - E(N, z) \\ &= N(\pi, z) \cdot \{(P - C) \cdot [Q(P) - \eta y(P_c, z)] - I(z) + (P_c - C_c) \cdot \\ &\quad y(P_c, z) + \int_{P^*}^{\infty} Q(P)\mathrm{d}P + \int_{P_0}^{P_c^*} y(P_c, z)\mathrm{d}P_c\} - E(N, z) \end{aligned}$$

而此时的能够使上述社会福利函数达到最大的最优版权保护综合维

度为：

$$z'^* = \arg\max\{N(\pi,z)\cdot\{(P-C)\cdot[Q(P)-\eta y(P_c,z)]-I(z)+(P_c-C_c)\cdot y(P_c,z)+\int_{P^*}^{\infty}Q(P)\mathrm{d}P+\int_{P_0}^{P_c^*}y(P_c,z)\mathrm{d}P_c\}-E(N,z)\}$$

可见，随着复制技术的变迁，会对边际复制成本和复制品与原作品的替代程度产生影响，进而影响复制品的价格和原版作品的数量，最终导致最优的版权保护综合维度的改变，因此出现了版权在期限和范围以及保护程度的多种变化。所以，通过这样一个形式化的模型，我们可以理解为何复制技术变迁会逐步地对版权制度的变迁，产生深远的影响，并且可以发现传统复制技术变迁总是沿着使复制成本越低和复制品与原作品替代程度越高的路径在发生的，而数字复制技术变迁总是沿着使数字复制品和原作品互补程度越高也即信息互补程度越高的路径在发生的。

7.4　激励与接入的时际均衡：手机铃声下载侵权案

在讨论版权制度在激励与接入之间的时际均衡时，最为关注的是随着复制技术的变迁，版权作品作者与社会公众之间的均衡将如何随之改变的问题。尤其是进入数字时代，数字技术的飞速发展导致与信息扩散的速度越来越快且版权作品相关的当事人越来越多，相互之间的关系也越来越趋于复杂。因此，数字时代的版权制度就应该在扩展的多个当事人之间形成稳定而合理的均衡，达到促进网络发展和保护相关版权人收益的平衡。本节以手机铃声作为研究客体，以音乐下载侵权案件作为平台，来研究数字技术背景下的版权制度该如何实现其激励与接入的时际均衡。

2002 年，原告中国音乐著作权协会（以下简称音著协）与被告广州网易计算机系统有限公司（以下简称网易公司）、北京移动通信有限责任公司（以下简称北京移动公司）发生侵犯著作权纠纷，向北京市第二中级人民法院提起诉讼。

音著协起诉称，苏越是歌曲《血染的风采》的曲作者，其已将该作品的公开表演权、广播权、录制发行权和信息网络传播权委托音著协管理。现发现网易公司在其开办的 www.163.com 网站铃声传情项目服务中，未经作者许可，将歌曲《血染的风采》提供给移动电话用户供音乐振铃下载使用。北京移动公司向移动电话用户提供增值服务项目，使任何一个移动电话用户均可以利用其收费项目下载涉案歌曲。两位被告的上述商业性使用行为，构成了对作者著作权的侵害。现音著协根据与作者签订的委托协议，以音著协的名义提起诉讼，要求被告立即停止使用音乐作品《血染的风采》，公开向音著协和作者苏越赔礼道歉，共同赔偿因侵权行为造成的经济损失113182.50元，以及原告为制止侵权行为所花费的合理支出6300元。[①]

法院经审理后查明，苏越已于1994年1月18日与音著协签订了音乐著作权合同，将该作品的公开表演权、广播权和录制发行权委托中国音乐著作权协会管理。之后在2001年10月9日，又与音著协签订补充合同，将其上述作品的互联网络上载、下载以及传输的权利授权音著协管理。苏越与音著协的著作权委托管理合同合法有效。根据著作权法相关规定，网易公司未经苏越许可，将其谱曲的《血染的风采》歌曲收录进其在网上开办的民歌小调栏目中，供不特定的移动电话用户下载使用，这一商业行为构成了对著作权人信息网络传播权的侵犯，应承担停止侵害、赔偿损失的民事责任。在实施信息的接收和发送行为过程中，北京移动公司在主观接受程度上始终是被动的，仅是利用自身的行业特点和经营优势提供设备，对信息的接收和传送提供了连接平台，而责令侵权信息的提供者网易公司立即停止发布涉案侵权信息，足以制止侵权行为的继续。综上所述，法院判决：第一，广州网易计算机系统有限公司未经许可不得向公众传播歌曲《血染的风采》；第二，广州网易计算机系统有限公司向中国音乐著作权协会支付赔偿费10000元，公证费1300元；第三，驳回中国音乐著作权协会的其他诉讼请求。

手机用户下载音乐铃声的途径和方法主要包括两种：一是通过互联网下载，即用户在网站上找到自己喜爱的铃声，然后填写自己的手机号码并将信息发送至铃声服务提供商的网关，再由服务商网关发送指定的铃声至移动网关，最后由移动网关通过自身的通信网络将铃声传输到用户的手机中

---

① 周晓冰.移动公司不对铃声下载侵权承担责任，http://bj2zy.chinacourt.org/public/detail.php? id=209。

储存起来；二是通过移动通信网下载，即用户通过手机直接上网，选定铃声后发送请求至移动网关，经过移动网关再发送至服务商网关，最后由服务商网关将指定的铃声经移动网关传输给用户储存。①

根据时际均衡模型可知，在本案例中认定手机铃声作品为侵权作品并禁止其在网络上的传播的判决是不符合经济学意义上的效率标准的。数字复制技术变迁逐步地对版权制度的变迁产生深远的影响，并且与传统的复制技术不同的是，数字复制技术变迁总是沿着使数字复制品和原作品互补程度越高也即信息互补程度越高的路径在发生的。通过网络下载手机的音乐铃声是在数字时代中越来越普遍的现象。而网络提供给手机下载的音乐作品实际上是正式的音乐唱片或是白金大碟的一种信息互补产品。两者在形式上存在较多的差别，往往作为手机铃声的作品只是一首乐曲的某个片断或是某个部分。因此从该角度看，手机铃声的下载还可能增加对原版音乐作品的销售数量，并不一定会给音乐作品的作者或是唱片公司带来巨大的经济损失。音乐作品的作者或是唱片公司实际上并不需要对作品的手机铃声下载进行严格的禁止和控制，相反的，应该允许这种信息互补型复制技术对原创作品的传播。

7.5 本章小结

在本章的激励与接入的时际均衡模型中，不仅考虑了传统复制技术变迁对基期的激励与接入均衡的影响，而且考虑了数字复制技术变迁对基期的激励与接入时际均衡的影响，并得出了两种技术的不同影响途径。

传统复制技术变迁逐步地对版权制度的变迁影响深远，并且可以发现传统技术变迁总是沿着使复制成本越低和复制品与原作品之间替代程度越高也即信息替代程度越高的路径在发生的。数字复制技术变迁逐步地对版权制度的变迁产生重要的影响，并且可以发现与传统的复制技术不同的是数字复制技术变迁总是沿着使数字复制品和原作品互补程度越高也即信息互补程度越高的路径在发生的。

---

① 叶菁．手机铃声奏响版权“警铃”．经济论坛，2005(11)。

根据时际均衡模型可知，在本案例中认定手机铃声作品为侵权作品并禁止其在网络上的传播的判决是不符合经济学意义上的效率标准的。网络提供给手机下载的音乐作品实际上是正式的音乐唱片或是白金大碟的一种信息互补产品。因此从该角度看，手机铃声的下载还可能增加对原版音乐作品的销售数量，并不一定会给音乐作品的作者或是唱片公司带来巨大的经济损失。音乐作品的作者或是唱片公司实际上并不需要对作品的手机铃声下载进行严格的禁止和控制，相反的，应该允许这种信息互补型复制技术对原创作品的传播。

从模拟技术到数字技术，在版权历史中所出现的所有技术进步都经历了从低级到高级的发展过程，都促进了人们对复制品的获得，也影响到相关版权利益人的权利的效力范围和各方利益人的利益均衡，因此一国就会修改其版权法来适应现实的需要。所以，面对不断进步的技术，我们所要做的是修改制度来适应技术，而不是一味地阻止和抵制技术的变迁。

8 结论与启示

本章首先回顾全书，并总结和列举出书中的重要结论，然后指出本书的一些不足之处，最后展望本书在将来的后续工作中的进一步研究方向。

8.1 研究的基本结论

本书以版权制度的经济学研究为主线，从激励与接入的视角对版权保护问题进行理论和实证的研究，得出以下基本的研究结论。

(1)保护作者权利和维护公共利益这两个版权法的双重目的，可以基本归结为“激励与接入”的一种均衡关系。激励与接入的均衡实际上可以分为三个层次：第一层次的均衡也是最为基本的均衡，就是创作者的激励和消费者的效用之间的最优均衡，是有效生产和有效消费之间的权衡。第二层次的均衡则是在代际之间的激励和接入的均衡。第三层次的均衡则是在时际上的激励与接入的均衡。

(2)版权可以通过三个方面来定义：一是版权的长度，也即版权法律保护实施的时间期限；二是版权的宽度，也即版权法律保护实施的范围；三是版权的高度，也即版权法律保护实施的严格程度。版权的多重维度混合保护导致了版权保护困境的出现。因此，解决最优版权保护问题将实现版权相关人之间的激励与接入的均衡。从社会福利最大化的角度来探讨版权最优保护问题，进而为版权制度激励与接入困境找到适当的均衡。在版权保护期限内所产生的社会福利水平会缺少因垄断所造成版权作品市场上的社会福利净损失，这一净损失为 $DW(b,h)$，而在版权保护期限到期后所产生的社会福利水平会缺少作者的利润 $\pi(b,h)$ 。可见，各期音乐作品数量和社会福利净现值之和是关于版权长度 t 、版权宽度 b 和版权高度 h 的函数。

在理论模型的基础上，进行实证研究。结果发现，版权长度和音乐作品数量呈正相关关系，并且在统计上存在显著相关关系。这也表明，版权期限的延长对作品数量的增加是有利的。版权宽度和音乐作品数量呈负相关，但在5%的统计水平上显著。这表明，版权法保护的范围越宽、内容越多，越不利于作品数量的增加。版权高度和音乐作品的数量呈显著负相关，这意味着越严格的版权法越不利于版权作品的出现。

(3)水平差异型作品和垂直差异型作品是两类不同的作品，因此需要分别构建基于排名效应的水平差异模型和具有模仿创新效应的垂直差异模型来解决两类作品市场的原创收益和后续创新的代际均衡问题。

基于排名效应的模型是假设两个作者位于该教材类版权市场的两端，两部教材几乎是同质的，把消费者与教材作者的关系差异解释为产品横向差异。关系越近，意味着对产品特殊效用的评价越高，产品的水平差异越大，则作者从中取得的利润也越多。因此，每个作者都会倾向于加强对两边的消费者的垄断力量，采用各种手段或推荐或指定强制销售自己的教材。在教材市场上，要解决激励与接入的问题，必须做到：第一，对于排名效应足够强的原创作品应该给予较强的版权保护；第二，对于新作的教材作品，必须是有一定的市场规模，占有一定的市场份额的新作教材才能给予其版权保护。

任何作品的差异必须是“有价值”的差异，也就是能够带来消费者真实效用增加的差异，才能被称为有意义的差异，才是有利于社会进步的差异。在专著市场的产品垂直差异模型中，原创作者与新作作者在相同领域内进行竞争，且假定 $q_2 > q_1$ ，那么两个作者实施差异化价格，两部作品的均衡价格满足 $p_2 > p_1$ 。原创作者创新作品后，新作作者在其基础上进行模仿创新，新作作品的质量必须达到原创作品的 $\frac{7}{4}$ 以上，也即模仿创新效应系数 $\beta \geqslant \frac{7}{4}$ ，才能实现产品质量的差异化。模仿创新效应系数实际上就是一个均衡的质量创新系数。这个系数很好地解决了保护原创收益和激励后续创新的两难问题。一个有效的版权法，应该赋予质量创新系数大于该均衡质量创新系数的新作作品以版权，而对于质量创新系数小于该均衡质量创新系数的新作作品，不应该赋予新的版权。这样的版权制度才能以有效和充分保护知识创作者和全体社会的福利为核心，使版权制度的激励机制得以充分发挥。同时也发挥了版权制度作为调节机制和约束机制的作用，使版权人的个体利益与社会的整体利益得以合理的平衡、协调。

(4)在激励与接入的时际均衡模型中，不仅考虑了传统复制技术变迁对基期的激励与接入均衡的影响，而且考虑了数字复制技术变迁对基期的激励与接入时际均衡的影响，并得出了两种技术的不同影响途径。传统复制技术变迁逐步地对版权制度的变迁影响深远，并且可以发现传统技术变迁总是沿着使复制成本越低和复制品与原作品之间替代程度越高也即信息替代程度越高的路径在发生的。数字复制技术变迁逐步地对版权制度的变迁产生重要的影响，并且可以发现与传统的复制技术不同的是数字复制技术的变迁总是沿着使数字复制品和原作品互补程度越高也即信息互补程度越高的路径在发生的。

8.2 进一步研究的方向

本书在版权经济学问题研究方面，得到了一些富有启发意义的结论，从一定程度上促进了与知识产权相关的法经济学理论的发展。但是，仍然存在一些问题有待完善，一方面是研究方法的更新，另一方面是研究内容的扩展。

研究方法的更新包括以下几点：一是实证方法的加强。随着国内外各类统计数据的完善，以及数据处理和分析技术的不断更新进步，各类实证研究在大量文献中得到前所未有的发展。实证研究是理论研究的重要组成部分，也是数理模型结论的检验标准。因此，运用实证分析工具对软件知识产权保护问题进行研究是极其重要的工作。本书已经在部分章节中运用了实证数据进行经验性研究，也得到了不少有意义的结论，但是从全文来看所占的篇幅仍然较为有限。在今后的研究中，运用更多的计量工具和计量模型进行研究将是努力的方向。二是委托代理理论可以被很好地应用在版权经济学的研究中。因为，在本书的研究中，忽略了作者和出版商的差异，多数情况是将两者视为统一的作品生产者进行处理的。但是，在现实中两者之间仍然存在较大的差别，在很多情况下作者的创作活动不完全出于利润最大化的目标，而出版商作为一个盈利单位追求的是利润最大化的目标。如果要将两者进行分别处理，则需要引入委托代理理论对两者进行考虑。同样，如果考虑版权的集体管理制度的时候，也可以尝试引入委托代理理论进行研究。

当然为了更好地解决版权经济学问题，必须不断地对一些新现象和新问题所涉及的新领域作相应的扩展研究。在研究的内容方面可以作如下扩展：第一，本书在考虑模型的时候，大多数的变量是被简化的已定变量。因此，在今后的研究中，可以将风险和不确定性的问题考虑在内进行研究。第二，在专著市场的产品垂直差异模型中，如果考虑到一个长期连续动态的过程，也即此阶段的新作作者成为下一阶段的原创作者，另有其人在新作作品的基础上，进行了改进与创新，并且此过程循环往复下去。要得到一个长期的均衡结果，可以尝试考虑使用质量阶梯(quality ladder)模型，就是假定每一种产品的质量都可以无限次被提高，每次质量提高都会使该产品提供的服务水平得到一次离散型的跳跃。而且每个作者必须考虑到在他们之后的创新改进会使得他们目前的热销作品变得失去市场，每种利润流(profit stream)只能维持有限的一段时间。通过质量阶梯模型，得出能够使长期中达到社会福利最大化的质量更新率，从而解决保护原创收益和激励后续创新的两难问题，同时尝试性地给出了原创性的边界。第三，在激励与接入的时际均衡研究中，也可以尝试着将技术变迁后带来的间接获利问题和网络效应问题结合进来考虑版权相关人利益均衡变动的过程，此问题也应该是一个值得关注的研究方向。第四，可以尝试性地考虑版权制度中的一些其他相关制度和领域，如合理使用问题、版税制度、集体管理制度以及法定许可制度等。

参考文献

[1] Andersen H. The Economics of Intellectual Property. *Working Paper*, Bureau of Industry Economics, Canberra, 1995:104

[2] Alejandro Zenter. Measuring the Effect of Online Music Piracy on Music Sales. *University of Chicago Working Paper*, 2003

[3] Alexander P. J. Peer-to-Peer File Sharing: The Case of the Music Recording Industry. *Review of Industrial Organization*, vol. 20, pp. 151—160, 2002

[4] Alonso Jorse & Richard Watt. Efficient Distribution of Copyright Income. *The Economics of Copyright*, Gorden & Watt (ed.), 2003, Edward Elgar

[5] Amit Gayer & Oz Shy. *Copyright Protection and Hardware Taxation*. Presented at the Conference Competition Strategies and Competition Policy in the Information Economy, April5～6,2002

[6] Arrow K. J. *Economic Welfare and the Allocation of Resources to Invention*. IN Nation Bureau of Economics Research, the Rate and Direction of Inventive Activity: Economic and Social Factors, Princeton university, 1962

[7] Bankos Y, Brunjolfsson E & Lichtman D. Shared Information Goods. *Journal of Law and Economics*, 1999, 42(1):117—155

[8] Belleflamme,Paul. Pricing Information Goods in the Presence of Copying. *The Economics of Copyright*, Gorden & Watt (ed.), 2003, Edward Elgar

[9] Benjamin Bental & Menahem Spiegel. Network Competition, Product Quality and Market Convergence in the Presence of Network Externalities. *Journal of Industrial Economics*, 1995, 43 (2): 197—208

[10] Besen. S. *New Technologies and Intellectual Property: An Economic Analysis*. The RAND Corp. IST-8415297-NSF at 4. 1987

[11] Besen S. *Private Copying, Reproduction Costs, and the Supply of Intellectual Property*. RAND Report NN—2601—NSF, 1984

[12] Besen S. & Kirby S. Private Copying, Appropriability and Optimal Copying Royalties. *Journal of Law and Economics*, 1989, 32: 255—280

[13] Besen S., S. Kirby & Salop S. An Economic Analysis of Copyright Collectives. *Virginia Law Review*, 1992, 78: 383—441

[14] Besen & Raskind, L. An Introduction to the Law and Economics of Intellectual Property. *Journal of Economic Perspectives*, 1991, 5: 3—27

[15] Besen S. Willard G. Manning, Jr. & Bridger M. Mitchell, Copyright Liability for Cable Television: Compulsory Licensing and the Coase Theorem. *Journal of Law and Economics*, 1978, XXL (1): 67—95

[16] Bhattacharjee, S. Gopal, R. D. and G. L. Sanders. *Digital Music and Online Sharing: Software Piracy* 2.0. Communications of the ACM, Vol. 46, No. 7, July 2003

[17] Blackburn D. *Does File Sharing Affect Record Sales?* Conference paper, International Industrial Organization, April 2004, Chicago

[18] Blackburn D. *On-line Piracy and Recorded Music Sales*. Job Market Paper, 2004, http://www.economics.harvard.edu/~dblackbu/papers/blackburn_fs.pdf

[19] Breyer Stephen. The Uneasy Case for Copyright: A study of Copyright in Books, Photocopies, and Computer Programs. *Harvard Law Review*, 1970, 84: 281—351

[20] Boldrin Michele & Levine David K. The Case Against Intellectual Property. *American Economic Review*. May 2002, vol 92(2): 209—212

[21] Buxmann P. Pohl, G. Johnscher, P. Strube, J. and H. Groffmann. *Strategies for Digital Music Markets: Pricing and the effectiveness of Measures against Pirate Copies—Results of an Empirical Study*. 2005, http://is. lse. ac. uk/asp/aspecis/20050142. pdf

[22] Chellappa R. K. and S. Shivendu. Managing Piracy: Pricing and Sampling Strategies for Digital Experience Goods in Vertically Segmented Markets. *Information Systems Research*, Vol. 16, No. 4, December 2005, pp. 400—417

[23] Conner K & Rumelt R. Software Piracy: An Analysis of Protection Strategies. *Management Science*, 1991, 37: 125—139

[24] Cremer H & Thisse J, Location Models of Horizontal Differentiation: A Special Case of Vertical Differentiation Models. *The Journal of Industrial Economics*, 1991, 39,(4): 383—390

[25] Danny Ben-Shahar & Assaf Jacob. *A Preach for a Breach: Selective Enforcement of Copyrights as an Optimal Monopolistic Behavior*. http://papers. ssrn. com/sol3/delivery. cfm/SSRN

[26] Denicolo Patent Races and Optimal Patent Breadth and Length. *Journal of Industrial Economics*, 1996, 44: 249—265

[27] Depooter, Ben & Francesco Parisi, Fair Use and Copyright Protect: A Price Theory Explanation. *International Review of Law and Economics*, 2002, 21: 452—473

[28] Dixit A. K. & Stiglitz J. E. Monopolistic Competition and Optimum Product Diversity. *The American Economic Review*, 1977, 67(3): 297—308

[29] Duchene Anne & Waellbroeck Patrick. *Legal and Technological battle in Music Industry: Information-Push vs. Information—Pull Technologies.* April 5,2004, http://ssrn. com/abstract=527462

[30] Duchene Anne. & Waellbroeck Patrick. *Does Peer-to-Peer Harm Copyright Owners? Protecting and Distributing Digital Products.* 15th May 2003, www. eea—esem. com/getpdf. asp? pid=2338&pdf

=/ papers/eea - esem/2003/2338/version% 2014% 20fevrier% 2003. pdf

[31] Fabrice Rochelandet. Are Copyright Colleting Societies Efficient Organizations? An Evaluation of Collective Administration of Copyright in Europe. *The Economics of Copyright*, Gorden & Watt (ed.), 2003, Edward Elgar

[32] Flam H. & Helpman E. Vertical Product Differentiation and North-South Trade. *The American Review*, 1987, 77 (5): 810—822

[33] Frank B. *On an Art without Copyright*. Kyklos, 1996, 49: 3—13

[34] Gayer Amit & Oz Shy. *Internet, Peer-to-Peer, and Intellectual Property in. Markets for Digital Products*. http://www. wiwi. hu-berlin. de/wt1/ lectures/mikroseminar/0203/freeware19. pdf

[35] Gerald R. Faulhaber: File Sharing, Copyright, and the Optimal Production of Music. *Michigan Telecommunications and Technology Law Review*, vol. 13(77), 2006, pp. 77—113

[36] Gilbert, R. & C. Shapiro. Optimal Patent Length and Breadth. *RAND Journal of Economics*, 1990, 21: 106—112

[37] Gillian K. Hadfield. The economics of copyright: An Historical Perspective. *Copyright Law Symposium*, 1992, 38: 1—46

[38] Guldberg, Hans Hoegh. *Copyright: An Economic Perspective*. Austrilian Copyright Council, 1994: 2—4

[39] Helpman, Elhanan. Innovation, Imitation, and Intellectual Property Rights. *Econometrica*, November 1993, 61(6): 1247—1280

[40] Hotelling H. Stability in Competition. *The Economic Journal*, 1929, 39(153): 41—57

[41] Hurt R & Schuchman R. The Economic Rationale of Copyright. *American Economic Review*, May 1966: 421—432

[42] Jaisingh Jeevan. *Piracy on File Sharing Networks: Strategies for Recording Companies*. (July 22, 2004). Available at SSRN: http://ssrn. com/abstract=567681

[43] Jason S. An Economic Perspective on Intellectual Property: The Case of Copyright. *Policy*, 1999: 38—41

[44] Johnson, W. The Economics of Copying. *Journal of Political Economy*, 1985, 93: 158—174

[45] Kai-Lung Hui, I. P. Png. Piracy and the Legitimate Demand for Recorded Music. *Contributions to Economic Analysis & Policy*, 2003, 2(1), article1

[46] Kai-Lung Hui, I. P. Png. On the Supply of Creative Work: Evidence from the Movies. *American Economic Review*, May 2002, 92(2): 217—220

[47] Katz M. & C. Shapiro. Network Externalities, Competition, and Compatibility. *American Economic Review*, 1985, 75: 424—440

[48] Katz M. & C. Shapiro. Technology Adoption in the Presence of Network Externalities. *Journal of Political Economy*, 1986, 94 (4): 822—841

[49] Katz M. & C. Shapiro. R&D Rivalry with Licensing or Imitation. *American Economic Review*, 1987, 77: 402—420

[50] Katz, M. & C. Shapiro. System Competition and Network Effects. *Journal of Economic Perspectives*, 1994, 8: 93—115

[51] Klaus kultti and Tuomas Takalo. *A Search Model of Intellectual Protection*. 2000, http://www. valt. helsinki. fi/staff/tttakalo/wp. pdf

[52] Klein Benjamn Lerner Andres V. & Murphy Kevin M. Economic Analysis of Copyright Protection in a Networked World: Does the Internet Require A Weakening of Copyright Law? *Working Paper*, University of Califonia-Los Angeles, 2002

[53] Klein Benjamn Lerner Andres V. & Murphy Kevin M. The Economics of Copyright "Fair Use" in a Networked World. *American Economic Review*, American Economic Association, 2002, 92(2): 205—208

[54] Koboldt Christian Intellectual Property and Optimal Copyright Protection. *Journal of Cultural Economics*, 1995, 19(2): 131—155

[55] Koelman Kamiel J. Copyright Law & Economics in the Copyright Directive: Is the Droit d'Auteur Passe? *International Review of Intellectual Property and Competition Law*, 2004: 603—638

[56] Landes William M & Richard A. Posner, An Economic Analysis of Copyright Law. *Journal of Legal Studies*, 1989, 18: 325—363

[57] Landes, William M. Copyright Protection of Letters, Diaries and Other Unpublished Works: An Economic Approach. *Journal of Legal Studies*. Previously as Chicago Law & Economics Working Paper No. 1 (2d Series). 1992

[58] Landes William & Douglas Lichtman. Indirect Liability for Copyright Infringement: An Economic Perspective. University of Chicago, John M. Olin Law & Economics, *Working Paper*, No. 179, 2003

[59] Landes William M. & Richard A. Posner, Indefinitely Renewable copyright. University of Chicago John M. Olin Law and Economics, *Working Paper*, No. 154, 2002

[60] Lemley M. A. The Economics of Improvement in Intellectual Property Law. *Texas Law Review*, 1997, 75: 989—1084

[61] Liebowitz Sanford J. Copying and Indirect Appropriability: Photocopying of Journals. *Journal of Political Economy*, 1985, 93: 945—957.

[62] Liebowitz Sanford J. *Will MP3 Downloads Annihilate the Record Industry*? The Evidence so Far. in Gary Libecap(ed.), Advances in the Study of Entrepreneurship, Innovation, and Economic Growth, JAIPress

[63] Liebowitz Sanford J. & Margolis, Stephen E. Network Externality: An Uncommon Traged. *Journal of Economic Perspectives*, 1995, 8: 133—150

[64] Liebowitz, Sanford J. *Economists Examine File-sharing and Music*

Sales. in Industrial Organization and the Digital Economy edited by Illing and Peitz, MIT press, 2005

[65] Matteo Alvisi, Elena Argentesi & Emanuela Carbonara. *Piracy and Quality Choice in Monopolistic Markets*. 2002, http://www.bepress.com/cgi/viewcontent.cgi? article=1061&context=gwp

[66] Menell P. S. Intellectual Property: *General Theories*. in Boudewijn Bouckaert and Gerrit De Geest (eds), Encyclopedia of Law and Economics, Volume II, Chapter 1600, Cheltenham: Edward Elgar

[67] Menell Peter. S. An Analysis of the Scope of Copyright Protection for Application Programs. *Stanford Law Review*, 1989, 41: 1045—1104

[68] Miceli Thomas J. & Richrd P. *Adelstein, An Economic Model of Fair Use*. University of Connecticut, Department of Economics Working Paper Series, September 2003

[69] Michael A. Einhorn Media. *Technology and Copyright-Integrating Law and Economics*. Published by Edward Elgar Pubishing Limited, 2004

[70] Michael Rushton, Copyright and Freedom of Expression: An Economic Analysis. International Conference on Copyright and the Cultural Industries: Economics, Law and Management. Sep 2000, pp. 11—12.

[71] Michel Norbert. *A Theoretical and Empirical Analysis of the Impact of the Digital Age on the Music Industry*. Ph. D. Dissertation, University of New Orleans, 2003, available at Http://www.uno.edu/theses/available/etd—11212003—100808

[72] Mussen, A. & Rosen, S. Monopoly and Product Quality. *Journal of Economic Theory*, 1978, 18: 301—317

[73] Nascimento F. & W. R. Vanhonacker. Optimal Strategic Pricing of Reproducible Consumer Products. *Management Science*, 1988, 34: 921—937

[74] Nordhaus W. D. *Invention, Growth, and Welfare: A Theoretical Treatment of Technological Change*. MIT Press 1969

[75] Novos Ian E & Waldman Michael. The Effects of Increased Copyright Protection: An Analytic Approach. *Journal of Political Economy*, 1984, 92: 236—246

[76] Novos Ian E. & Waldman Michael. The Emergence of Copying Technologies: What Have We Learned? *Contemporary Economic Policy*, 1987, 5(3):34—43.

[77] Oberholzer Felix & Strumpf Koleman. *The effect of File Sharing on Record Sales: An Empirical analysis*. March 2004, www.unc.edu/~cigar/papers/FileSharing_March2004.pdf

[78] O'Hare, M. Copyright: When is monopoly Efficient? *Journal of Policy Analysis and Management*, 1985, 4: 407—418

[79] Ordover, Janusz A. & Willig, Robert D. On the Optimal Provision of Journals qua Sometimes Shared Goods. *American Economic Review*, 1978, 68: 324—328

[80] Peitz, Martin & Patrick Waelbroeck. *Piracy of Digital Products: A Critical Review of the Economics Literature*. Mimeo, 2003

[81] Peitz, Martin & Patrick Waelbroeck. *The effect of Internet Piracy on CD Sales: Cross-section Evidence*. Mimeo, 2003

[82] Peitz Martin and Patrick Waelbroeck. *Making Use of File Sharing in Music Distribution*. mimeo,University of Mannheim. 2004

[83] Peitz, Martin and Patrick Waelbroeck. *An Economist's Guide to Digital Music*. CESifo working paper #1333

[84] Pepall Lynne. Imitative Competition and Product Innovation in a Duopoly Model. *Economica*, New Series, 1997, 64(254): 265—279

[85] Pethis Rudiger. Copyrights and Copying Costs: A New Price-Theoretic Approach. *Journal of Institutional and Theoretical Economics*, 1988, 144: 324—495

[86] Plant Arnold, The economic aspects of copyright in books. *Economica*,

1934，1：67—195

[87] Png I. P. L. & Qiu—hong Wang，Copyright Duration and the Supply of Creative Work：Evidence from the Movies. *Working Paper of National University of Singapore*，2006 September.

[88] Poddar，Sougata. Network Externality and Software Piracy. *National University of Singapore Working Paper*. No. 2002/115,2002

[89] Poddar，Sougata. Economics of Software Piracy and it's Global Impact，National University of Singapore Working Paper，2002

[90] Poddar，Sougata. On Software Piracy when Piracy is Costly. *National University of Singapore Working Paper*，No. 0309，2003a

[91] Poddar，Sougata. Software Piracy：When Protection is Optimal to the Software Developer. *National University of Singapore Working Paper*，No. 0312，2003b

[92] Ramello Giovanni B. *Copyright and Antitrust Issue*. http://www.biblio.liuc.it/liucpap/pdf/114.pdf，2002

[93] R. H. Coase. *Essays on Economics and Economists*. The University of Chicago Press，1994

[94] Richard Watt. *Copyright and Economic Theory*. Edward Elgar Publishing，2000

[95] Richard Watt. The Past and the Future of the Economics of Copyright. *Review of Economic Research on Copyright Issues*，2004，1(1)：51—171

[96] Rick Harbaugh & Rahul. Khemka，Does copyright enforcement encourage piracy? *Claremont Colleges Working Papers in economics*，2001

[97] Ruth Towse. *Creativity，Incentive，and Reward：An Economic Analysis of Copyright and Culture in the Information Age*. Edward Edlgar Publishing，2001

[98] Scherer，F. M. Nordhaus' Theory of Optimal Patent：a Geometric

reinterpretation. *American Economic Review*, 1972,62：422—427

[99] Scotchmer. S. Standing on the Shoulders of Giants：Cumulative Research and Patent Law. *Journal of Economic Perspectives*, 1991, 5：29—41

[100] Scotchmer S. Protecting early Innovators：Should Second-generation Products be Patentable. *RAND Journal of Economics*, 1996, 27：322—331

[101] Shavell S. & T. Van Ypersele. Rewards versus Intellectual property rights. *The Journal of Law and Economics*, 2001, Vol. XLIV (2)：527—543

[102] Shieh Shiou & Shin—kun Peng, Adoption of a Product Innovation in the Presence of Vertical Product Differentiaton. *Taiwan Economic Review*, 2000, 28(4):471—493

[103] Shy O. , & J. F. Thisse. A strategic Approach to Software Protection. *Journal of Economics and Management Science Strategy*, 1999, 8：163—190

[104] Shy O. *The Economics of Network Industry*. Cambridge：Cambridge University Press, 2001

[105] Slive J. & D. Bernhardt. Pirated for Profit. *Canadian Journal of Economics*, 1998, 31(4)：886—899

[106] Snow, Arthur & Richard Watt. *Risk Sharing and the Distrubution of Copyright Collective Income*. University of Geogia and University Autonoma de Madrid, mimeo, 2002

[107] Spence A. M. Product Selection, Fixed Costs, and Monopolistic Competition. *Review of Economic Study*, 1976, vol. 43：217—235

[108] Steven Shavell & Tanguy Van Ypersele, Rewards versus Intellectual Property Rights. *The Journal of Law and Economics*, 2001, vol. XLIV (2)：527—543

[109] Stoller Michael A. Economic Issues in Copying Easily Reproducible

Goods. *Journal of Consumer Policy*, 1992, 14: 393—411

[110] Takalo Tuomas. *Essays on the Economics of Intellectual Property Protection*. Academic Dissertation, February 1999

[111] Takeyama L. N. The Welfare Implications of Unauthorized Reproduction of Intellectual Property in the Presence of Demand Network Externalities. *Journal of Industrial Economics*, 1994, 2: 155—165

[112] Takeyama, L. N. The Intertemporal Consequences of Unauthorized Reproduction of Intellectual Property. *Journal of Law and Economics*, 1997, vol. XL: 511—522

[113] Takeyama. Lisa N. *Piracy, Asymmetric Information and Product Quality Revelation*. The economics of Copyright, Gorden & Watt (ed.), 2003, Edward Elgar

[114] Tatsuo Tanaka. *Does File Sharing Reduce Music CD Sales: A Case of Japan*. Conference Paper on IT innovation, 2004

[115] Thomas J. Miceli & Richard P. *Adelstein, An Economic Model of Fair Use*. Sep 2003, http://www.econ.uconn.edu/working/2003—38.pdf

[116] Timothy J. Brennan. *Fair Use as Policy Instrument*. The Economics of Copyright: Developments in Research and Analysis, Volume 2 Wendy Gordon, Lisa Takeyama, and Ruth Towse Northampton, MA: Edward Elgar 2005

[117] Tirole Jean. *The Theory of Industrial Organization*. Massachusetts Institute of Technology Press, 1988

[118] Tobias Regner. *Innovation of Music*. The economics of Copyright, Gorden & Watt (ed.), 2003, Edward Elgar

[119] Towse Ruth. *Copyright and Economic Incentive: An Application to Performers'Rights in the Music Industry*. KYLOS, 1999, 52: 369—390

[120] Varian H, Buying, Sharing and Renting Information Goods. *Journal of*

Industrial Economics, 1997, 48: 473—488

[121] Wendy J. Gordon. Fair Use as Market Failure: A Structural and Economic Analysis of the Betamax Case and its Predecessors. *Columbia Law Review*, 1982, 82(8): 1600—1657

[122] Wendy J. Gordon & Robert G. Bone. *Copyright*. in Boudewijn Bouckaert and Gerrit De Geest (eds), Encyclopedia of Law and Economics, Volume II, Chapter 1610, Cheltenham: Edward Elgar, pp. 189—215

[123] Wendy J. Gordon & Richard Watt. *The Economics of Copyright: Developments in Research and Analysis*. Edward Elgar Cheltham, UK Northampton, MA, USA, 2003

[124] Willianmson O. Innovation and Market Structure. *Journal of Political Economy*, 1965, 73: 67—73

[125] Yoo Christopher, S. *Towards a differentiated products theory of copyright*. 2002, http://law. vanderbilt. edu/faculty/ pubs/yoo—towardsadifferentiated. pdf

[126] Yoo Christopher S. *Copyright and Product Differentiation*, *NYUL Review*, 2004,212(79): 260—261

[127] Yoon, Kiho. The Optimal Level of Copyright Protection. *Information Economics and Policy*, 2002, 14(3): 327—348

[128] Carl Shapiro, Hal Varian. 张帆译. 信息规则：网络经济的策略指导. 北京：中国人民大学出版社，2000

[129] 布赖恩·卡欣，哈尔·瓦里安. 传媒经济学. 北京：中信出版社，2003

[130] 常青. 论著作权集体管理制度：法经济学的视角. 电子知识产权，2006(7)

[131] 陈昌柏. 知识产权经济学. 北京：北京大学出版社，2003

[132] 戴建志，陈旭. 知识产权损害赔偿. 北京：法律出版社，1997

[133] 董雪兵，史晋川. 累积创新框架下的知识产权保护研究. 经济研究，2006(5)

[134] 董雪兵，朱慧. 计算机软件版权保护与专利保护的比较研究. 制度经

济学研究(第五辑),2004(10):54—63

[135] 冯晓青.知识产权法理论与实践.北京:知识产权出版社,2002

[136] 冯晓青.知识产权法利益平衡原理.长沙:湖南人民出版社,2004

[137] 冯晓青.知识产权法利益平衡原理.北京:中国政法大学出版社,2006

[138] 冯玉军.中国法经济学应用研究.北京:法律出版社,2006

[139] 富田彻男.廖正衡等译.市场竞争中的知识产权.北京:商务印书馆,2000

[140] 干春晖,钮继新.网络信息产品市场的定价模式.中国工业经济,2003(5)

[141] 高德步.产权与增长:论法律制度的效率.北京:中国人民大学出版社,1999

[142] 高富平.信息财产——数字内容产业的法律基础.北京:法律出版社,2009

[143] 韩玉雄,李怀祖.知识产权保护对社会福利水平的影响.世界经济,2003(9)

[144] 杰弗里·赫尔著.陈星,方芳译.音像产业管理.北京:清华大学出版社,2005

[145] 寇宗来.软件盗版的博弈理论分析.上海经济研究.2000(11)

[146] 寇宗来.专利保护宽度和累积创新竞赛中的信息披露.经济学,2004(3)

[147] 寇宗来.专利制度的功能和绩效.上海:上海人民出版社,2005

[148] 兰德斯,波斯纳.金海军译.知识产权法的经济结构.北京:北京大学出版社,2005

[149] 劳伦斯·莱斯格.思想的未来.北京:中信出版社,2004

[150] 劳伦斯·莱斯格.代码.北京:中信出版社 2004

[151] [美]理查德·A.波斯纳.法律的经济分析.北京:中国大百科全书,1992

[152] 李纲和陈颖.计算机软件的知识产权保护及社会成本.情报学报,21(1)

[153] 李扬等.知识产权基础理论和前沿问题.北京:法律出版社,2004

[154] 李扬. 知识产权的合理性、危机及其未来模式. 北京：法律出版社,2003
[155] 李扬等. 知识产权基础理论和前沿问题. 北京：法律出版社,2004
[156] 李伟文. 论著作权客体之独创性. 法学评论,2000(1)
[157] 李永明. 知识产权法. 杭州：浙江大学出版社,2000
[158] 李雨峰. 版权：一种历史视野. 中国版权,2004(4)
[159] 李雨峰. 枪口下的法律——中国版权史研究. 北京：知识产权出版社,2006
[160] 廖丹. 著作权制度的经济学思考. 湖南：湘潭大学法学硕士论文,2003
[161] 林健. 网上著作权保护及其经济学分析. 著作权,2000(1)
[162] 刘茂林. 知识产权法的经济分析. 北京：法律出版社,1996
[163] 刘志刚. 电子版权的合理使用. 北京：社会科学文献出版社,2007
[164] 罗宾·保罗·麦乐怡，孙潮译. 法与经济学. 杭州：浙江人民出版社,1997
[165] 罗伯特·考特和托马斯·尤伦. 法和经济学. 上海：上海财经大学出版社,2003
[166] 孟祥娟. 版权侵权认定. 北京：法律出版社,2001
[167] 彭汉英. 财产法的经济分析. 北京：中国人民大学出版社,2000
[168] 彭学龙. 数字网络环境下的复制与复制权——兼论数字版权法的重构. 民商法论丛(第32卷). 北京：法律出版社,2004
[169] 彭学龙. "复制"版权之反思与重构. 知识产权,2005(2)
[170] [美]皮特·纽曼. 新帕尔格雷夫法经济学大辞典. 北京：法律出版社,2003
[171] 芮明杰,巫景飞,何大军. 技术与美国音乐产业演化. 中国工业经济,2005(2)
[172] 沈凤君. 知识产权制度与技术创新相互作用机制研究. 北京：中国政法大学经济法专业硕士学位论文
[173] 寿步. 论版权和软件版权保护若干基本问题. 电子知识产权,1994(3)
[174] 史晋川. 计算机软件盗窃案中厂商收益损失确定的经济学分析. 经济研究,1996(11)

[175] 史晋川,刘晓东. 网络外部性、商业模式与PC市场结构. 经济研究,2005(3a)
[176] 史晋川,刘晓东. 软件商业模式与操作系统的市场结构. 财贸经济,2005(4)
[177] 史晋川,汪淼军. 计算机软件侵权的最优赔偿原则研究,经济研究. 2000(8)
[178] 史晋川等. 法律·金融·增长,北京:经济科学出版社,2004
[179] 斯蒂芬·马丁,史东辉等译. 高级产业经济学. 上海:上海财经大学出版社,2003
[180] 粟源. 知识产权及其制度本质的探讨. 知识产权,2005(1)
[181] 孙鎏. 著作权集体管理制度研究. 四川大学硕士学位论文,2005
[182] 唐纳德·A. 威特曼. 苏力等译. 法律经济学文献精选. 北京:法律出版社,2006
[183] 汤林弟. 中国图书版税制度研究. 北京师范大学硕士学位论文,2004
[184] 汪淼军和厉斌. 网络外部性、竞争和产品差异化. 经济学(季刊)2003(2)
[185] 王争. 专利制度的经济学研究综述. 北京大学学报(哲学社会科学版),2006(2)
[186] 吴澄秋,石磊. 对软件盗版现象的一个经济学分析. 当代经济科学,2000(3)
[187] 吴汉东. 关于知识产权基本制度的经济学思考. 法学,2000(4)
[188] 吴汉东. 知识产权保护论. 法学研究,2000(1)
[189] 吴汉东. 著作权合理使用制度研究. 北京:中国政法大学出版社,2005
[190] 吴汉东和胡开忠. 无形财产权制度研究. 北京:法律出版社,2001
[191] 吴伟光. 数字技术环境下的版权法——危机与对策. 北京:知识产权出版社,2008
[192] 吴欣望. 专利经济学研究综述. 经济学动态,2002(3)
[193] 吴欣望. 专利经济学. 北京:社会科学文献出版社,2005
[194] 薛虹. 网络时代的知识产权法. 北京:法律出版社,2000
[195] 昝廷全. 中国传媒经济. 北京:科学出版社,2004

[196] 杨志军，钟瑞栋. 背景音乐收费制度与著作权法利益平衡精神. 山西大学学报（哲学社会科学版），2003(3)

[197] [英]约翰·伊特韦尔，默里·米尔盖特和彼得·纽曼. 新帕尔格雷夫经济学大辞典. 北京：经济科学出版社，1996

[198] 袁克. 中国知识产权保护的经济分析. 南开经济研究，2003(2)

[199] 张耕. 民间文学艺术的知识产权保护研究. 北京：法律出版社，2007

[200] 张平. 网络知识产权及相关法律问题透析. 广州：广州出版社，2000

[201] 张树栋. 中华印刷通史. 北京：中国印刷技术出版社，1990

[202] 张五常. 经济解释. 北京：商务印书馆，2000

[203] 张平主编. 网络法律评论. 北京：法律出版社，2002

[204] 郑成思. 知识产权法教程. 北京：法律出版社，1993

[205] 周林. 版权集体管理及其立法研究. 中国社会科学院研究生院博士学位论文，2002

[206] 邹薇. 知识产权保护的经济学分析. 世界经济，2002(2)

[207] 朱慧，史晋川. 版权保护悖论的经济学分析. 民商法学（人大复印资料），2002(3)

[208] 朱慧，史晋川. 版权的法律经济学研究述评. 法律·金融·增长第六章. 北京：经济科学出版社，2004

[209] 朱涛. 商业布局与市场定位：基于豪泰林模型的拓展分析. 数量经济技术经济研究，2004(10)

版权相关术语及英文原文

1. DMCA:《数字千年版权法》,Digital Millennium Copyright Act, Pub. L. No 105－304, 112 Stat. 2860 (1998)
2. IFPI:国际唱片工业联盟,International Federation of the Phonographic Industry
3. RIAA:美国唱片工业协会,Recording Industry Association of America
4. TRIPS 协议:《与贸易有关的知识产权协议》,Agreement on Trade-Related Aspects of Intellectual Property Rights
5. UNESCO:联合国教科文组织,United Nations Educational, Scientific and Cultural Organization
6. WCT:《世界知识产权组织版权条约》,WIPO Copyright Treaty
7. WPPT:《世界知识产权组织表演和录音制品条约》,WIPO Performance and Phonograms Treaty
8.《伯尔尼公约》:《保护文学艺术作品的伯尔尼公约》(1971 年巴黎文本),Berne Convention for the Protection of Literary and Artistic Works (Paris Act)1971
9.《罗马公约》:《保护表演者、录音制品制作者和广播组织罗马公约》,International Convention for the Protection of Performers, Producers of Phonograms and Broadcasting Organizations (1961)
10.《世界版权公约》:《世界版权公约》,Universal Copyright Convention
11.《著作权法》:2001 年《中华人民共和国著作权法》
12.《著作权集体管理条例》:2004 年《著作权集体管理条例》
13.《卫星公约》:《关于播送由人造卫星传播的载有节目信号公约》
14.《家庭录音法》:Audio Home Recording Act
15.《信息网络传播权保护条例》:2006 年《信息网络传播权保护条例》
16.《信息社会版权指令》:《欧洲议会和欧盟理事会关于协调信息社会中著

作权和相关权利若干方面的第 2001/29/EC 号指令》，Directive 2001/29/EC of the European Parliament and of the Council of 22 May 2001 on the Harmonization of Certain Aspects of Copyright and Related Right in the Information Society

17.《电子商务指令》:《欧洲议会和欧盟理事会关于共同体内部市场信息社会服务，尤其是电子商务若干法律方面的第 2000/31/EC 号指令》，Directive 2000/31/EC of the European Parliament and of The Council of 8 June 2000 on Certain Legal Aspects of Information Society Services，in Particular Electronic Commerce，in The Internal Market

18.《计算机程序保护指令》:《欧洲理事会关于计算机程序法律保护的第 91/250/EEC 号指令》，Council Directive 91/250/ECC on the Legal Protection of Computer Programs

19.《个人数据保护指令》:《有关处理个人数据和这些数据自由流动中对个人加以保护的第 95/46/EC 号指令》，Directive 95/46/EC on the Protection of Individuals with Regard to the Processing of Personal Data and on the Free Movement of Such Data

20.《数据库保护指令》:《欧洲议会和理事会关于保护数据库的第 96/9/EC 号指令》，Directive 96/9/EC of the European Parliament and of the Council on the Legal Protection of Databases

21.《艺术作品再转让指令》:《欧洲议会和理事会关于为了原创作者的利益再转让权第 2001/84/EC 号指令》，Directive 2001/84/EC of the European Parliament and of the Council on the Resale Right for the Benefit of the Author of an Original Work of Art

22.《卫星与有线再转播指令》:《欧盟理事会关于协调适用到卫星广播和有线再转播上的与版权和相关权利有关的规则的第 93/83/EEC 号指令》，Council Directive 93/83/EEC on the Coordination of Certain Rules Concerning Copyright and Rights Related to Copyright Applicable to Satellite Broadcasting and Cable Retransmission

23.《知识产权执法指令》:《欧洲议会和理事会关于知识产权执法第 2004/48/EC 号指令》，Directive 2004/48/EC of the European Parliament and of the Council on the Enforcement of Intellectual Property Right

24. 《版权与相关权利保护期限指令》:《欧洲议会和理事会关于版权和与版权相关的某些权利的保护期的第 2006/116/EC 号指令》, Directive 2006/116/EC of the European Parliament and of the Council of 12 December 2006 on the Term of Protection of Copyright and Certain Related Rights (codified version)

25. 《出租权指令》:《欧洲议会和理事会在知识产权领域与出租权和出借权和与版权的某些相关权利有关的第 2006/115/EC 号指令》, Directive 2006/115/EC of the European Parliament and of the Council of 12 December 2006 on Rental Right and Lending Right and on Certain Rights Related to Copyright in the Field of Intellectual Property (codified version)

附　录

附录 A　1999—2004 年全球 20 个国家和地区音乐作品销量

音乐作品销量（百万美元）	1999 年	2000 年	2001 年	2002 年	2003 年	2004 年
澳大利亚	656.3	561.3	522.5	499.9	763	716.7
比利时	342.3	266.8	233.4	225.3	275.5	275.1
捷克共和国	51.1	40.5	37.6	34.9	44.5	39.6
丹　麦	263.9	233.3	193	167.2	194.6	187.4
中　国	94	79.5	75	93.6	198.3	211.8
美　国	14251.4	14042	13411.7	12920.1	11847.9	12153.4
英　国	2908.9	2828.7	2808.7	2859.4	3566.6	3508.7
土耳其	127	120.8	153	121.2	150.4	166.2
瑞　士	294.8	264	274.1	253.2	279	258.8
瑞　典	361.3	322.9	286.5	281.9	324.7	267.9
西班牙	639.5	562.9	613	542.3	654.7	572.8
新加坡	46.4	46.1	44.8	46.7	50.5	45.6
葡萄牙	157.6	141.5	126.8	138.3	163.4	127.3
波　兰	154.9	156.5	118.7	84.5	96.7	92
印　度	217	236.7	229.3	172.3	148.5	152.5
匈牙利	58.7	57	50.8	45.7	72.4	59.1
中国香港	103.9	108.2	96.6	89.7	92.6	81.1
希腊	98.8	90.3	71.3	80.3	94.8	89.3
法国	1983.4	1694.7	1828.3	1989.7	2323.5	1979.3
芬兰	128.6	115.8	114.1	111	154.6	133.6

附录B 1999—2004年全球20个国家和地区人口数

人口(万人)	1999年	2000年	2001年	2002年	2003年	2004年
澳大利亚	1897	1918	1940	1966	1988	1991
比利时	1023	1025	1030	1033	1038	1035
捷克共和国	1028	1027	1030	1020	1020	1025
丹　麦	533	534	540	537	539	541
中　国	125360	126265	127190	128453	129227	129988
美　国	27823	28222	28400	28837	29081	29523
英　国	5950	5888	5990	5923	5933	6027
土耳其	6439	6742	6620	6963	7071	6889
瑞　士	714	718	720	729	735	745
瑞　典	886	887	890	892	896	899
西班牙	3941	4050	3950	4092	4110	4028
新加坡	395	402	410	416	425	435
葡萄牙	999	1023	1020	1037	1044	1052
波　兰	3865	3895	3870	3823	3820	3863
印　度	99752	101592	103340	104864	106448	106507
匈牙利	1007	1002	1020	1016	1013	1003
中国香港	672	667	673	679	682	686
希　腊	1054	1092	1060	1101	1103	1065
法　国	5862	5889	5920	5949	5976	6043
芬　兰	517	517	520	520	521	521

附录C 1999—2004年全球20个国家和地区GDP数据

GDP(亿美元)	1999年	2000年	2001年	2002年	2003年	2004年
澳大利亚	4076	3891	3695	4092	5224	5184
比利时	2489	2283	2271	2447	3019	3022
捷克共和国	546	557	609	738	897	854
丹　麦	1763	1582	1593	1724	2119	2124
中　国	9914	10807	11757	12710	14170	16493
美　国	92370	97648	100490	104290	109486	116675
英　国	14416	14393	14309	15637	17949	21409
土耳其	1858	1993	1452	1839	2404	2380
瑞　士	2589	2462	2505	2745	3201	3095
瑞　典	2414	2396	2194	2411	3016	3008
西班牙	5999	5618	5846	6552	8387	9914
新加坡	838	915	849	883	913	913
葡萄牙	1140	1065	1099	1219	1479	1495
波　兰	1550	1665	1858	1913	2096	2348
印　度	4452	4574	4785	5102	6006	6919
匈牙利	480	467	518	649	827	828
中国香港	1583	1654	1628	1599	1567	1630
希腊	1248	1121	1172	1330	1722	1731
法国	14384	13084	13204	14369	17576	20026
芬兰	1292	1199	1212	1316	1619	1615

附录 D 1999—2004 年全球 20 个国家和地区加入版权相关国际公约情况

加入时间	《伯尔尼公约》	《世界版权公约》	《录音制品公约》	《罗马公约》	《WIPO 版权条约》(WCT)	《WIPO 表演和录音制品公约》(WPPT)
澳大利亚	1928 年 1 月 14 日	1969 年 2 月 1 日	1974 年 6 月 22 日	1992 年 9 月 30 日	2007 年 7 月 26 日执行	2007 年 7 月 26 日执行
比利时	1887 年 12 月 5 日	1960 年 5 月 31 日	n. a.	1999 年 10 月 2 日	2006 年 8 月 30 日执行 1997 年 2 月 19 日签署	2006 年 8 月 30 日执行 1997 年 2 月 19 日签署
捷克共和国	1993 年 1 月 1 日	1993 年 3 月 26 日	1993 年 1 月 1 日	1993 年 1 月 1 日	2002 年 3 月 6 日执行	2002 年 5 月 20 日执行
丹　麦	1903 年 7 月 1 日	1961 年 11 月 9 日	1977 年 3 月 24 日	1965 年 9 月 23 日	1997 年 10 月 28 日签署	1997 年 10 月 28 日签署
中　国	1992 年 10 月 15 日	1992 年 7 月 30 日	1993 年 4 月 30 日	n. a.	2007 年 6 月 9 日执行	2007 年 6 月 9 日执行
美　国	1989 年 3 月 1 日	1954 年 12 月 6 日	1974 年 3 月 10 日	n. a.	2002 年 3 月 6 日执行 2001 年 10 月 10 日接受	2002 年 5 月 20 日执行 1997 年 4 月 12 日签署
英　国	1887 年 12 月 5 日	1957 年 6 月 27 日	1973 年 4 月 18 日	1964 年 5 月 18 日	1997 年 2 月 13 日签署	1997 年 2 月 13 日签署
土耳其	1952 年 1 月 1 日	n. a.	n. a.	2004 年 4 月 8 日	n. a.	n. a.
瑞　士	1887 年 12 月 5 日	1955 年 12 月 30 日	1993 年 9 月 30 日	1993 年 9 月 24 日	1997 年 12 月 29 日签署	1997 年 12 月 29 日签署
瑞典	1904 年 8 月 1 日	1961 年 4 月 1 日	1973 年 4 月 18 日	1964 年 5 月 18 日	1997 年 12 月 31 日签署	1997 年 12 月 31 日签署
西班牙	1887 年 12 月 5 日	1954 年 10 月 27 日	1974 年 8 月 24 日	1991 年 11 月 14 日	1996 年 12 月 20 日签署	1996 年 12 月 20 日签署
新加坡	1998 年 12 月 21 日	n. a.	n. a.	n. a.	2005 年 4 月 17 日执行	2005 年 4 月 17 日执行
葡萄牙	1911 年 3 月 29 日	1956 年 9 月 25 日	n. a.	2002 年 7 月 17 日	1997 年 12 月 31 日签署	1997 年 12 月 31 日签署

续表

加入时间	《伯尔尼公约》	《世界版权公约》	《录音制品公约》	《罗马公约》	《WIPO 版权条约》（WCT）	《WIPO 表演和录音制品公约》（WPPT）
波　兰	1920 年 2 月 28 日	1976 年 12 月 9 日	n. a.	1997 年 6 月 13 日	2004 年 3 月 23 日执行 2003 年 12 月 23 日接受	2004 年 3 月 23 日执行 2003 年 12 月 23 日接受
印　度	1928 年 4 月 1 日	1957 年 10 月 21 日	1975 年 2 月 12 日	1979 年 9 月 19 日	n. a.	n. a.
匈牙利	1922 年 2 月 14 日	1970 年 10 月 23 日	1975 年 5 月 28 日	1995 年 2 月 10 日	2002 年 3 月 6 日执行 1997 年 1 月 29 签署	2002 年 3 月 6 日执行 1997 年 1 月 29 签署
中国香港	1887 年 12 月 5 日	1957 年 6 月 27 日	1973 年 4 月 18 日	1964 年 5 月 18 日	n. a.	n. a.
希　腊	1920 年 11 月 9 日	1963 年 5 月 24 日	1994 年 2 月 9 日	1993 年 1 月 6 日	1997 年 1 月 13 日签署	1997 年 1 月 13 日签署
法　国	1887 年 12 月 5 日	1955 年 10 月 14 日	1973 年 4 月 18 日	1987 年 7 月 3 日	1997 年 10 月 9 日签署	1997 年 10 月 9 日签署
芬　兰	1928 年 4 月 1 日	1963 年 1 月 16 日	1973 年 4 月 18 日	1983 年 10 月 21 日	1997 年 5 月 9 日签署	1997 年 5 月 9 日签署

数据来源：根据国家版权局网站资料，经整理得到。

附录E 书名中包含西方经济学的教材

序号	书　名	作　者	出版社	市价(元)	出版日期
1	西方经济学	王根良	科学出版社	24	2006-09-01
2	西方经济学	刘辉煌	中国金融出版社	39.8	2004-01-01
3	西方经济学	刘裔宏等编	中南工大出版社	28	2004-07-01
4	西方经济学	李立春	高等教育出版社	35	2004-07-01
5	西方经济学	王健等编	中国农大出版社	35	2004-10-01
6	西方经济学	李成、何善华、林宙	暨南大学出版社	23	2006-02-01
7	西方经济学	陈立	中国电力出版社	17.8	2006-01-01
8	西方经济学	冯金华	上海财经大学出版社	29	2005-10-01
9	西方经济学	方欣	科学出版社	27	2005-08-01
10	西方经济学	刘家贵、吉萍	科学出版社	35	2005-08-01
11	西方经济学	吴琼	上海财经大学出版社	20	2005-08-01
12	西方经济学	高鸿业编	中国人民大学出版社	65	2005-03-01
13	西方经济学	陆长福	中国经济出版社	36	2005-03-01
14	西方经济学	侯荣华主编	中央广播电视大学出版社、中国计划出版社	37	2003-08-01
15	西方经济学	顾钰民	同济大学出版社	15	2001-08-01
16	西方经济学	厉以宁	高等教育出版社	31.9	2000-08-01
17	西方经济学	赵英军编	清华大学出版社	29.8	2004-09-01
18	西方经济学	郭羽诞编著	经济科学出版社	27	2005-05-01
19	西方经济学	牛国良	高等教育出版社	23.7	2006-10-01
20	西方经济学	李素萍	北京理工大学出版社	32	2006-08-01
21	西方经济学	万全等编	天津社科院出版社	17.9	1998-02-01
22	西方经济学	施丹等编	中国物价出版社	9	1994-12-01
23	西方经济学	孙建中等编	电子工业出版社	21	2002-01-01
24	西方经济学	邱家明等编	北京工业大学出版社	21	2004-08-01
25	西方经济学	肖桂山编	东北财大出版社	22	2000-09-01
26	西方经济学	杨晓达编	中国财经出版社	17.6	2000-01-01
27	西方经济学	于春荣等编	中国时代经济出版社	19	2003-01-01
28	西方经济学	宋奇成编	重庆大学出版社	38	2004-05-01
29	西方经济学	李慧凤等编	北京邮电大学出版社	19	2004-06-01

续表

序号	书　名	作　者	出版社	市价(元)	出版日期
30	西方经济学	何璋编	中国财经出版社	17	2003-08-01
31	西方经济学	李杨编	四川大学出版社	28	2002-02-01
32	西方经济学	唐瑜冲	湖南大学出版社	19	2004-01-01
33	西方经济学	史锋	武汉理工出版社	20	2005-08-01
34	西方经济学	高林远、曾令秋	四川大学出版社	25	2003-05-01
35	西方经济学	张先锋	合肥工业大学出版社	26	2006-06-01
36	西方经济学	许纯祯	高等教育出版社	28.1	1999-07-01
37	西方经济学	黎诣远	高等教育出版社	27.1	1999-07-01
38	西方经济学(修订版)	汪祥春、夏德仁	东北财经大学出版社	48	2003-09-01
39	西方经济学(第2版)	蔡增正编著	高等教育出版社	38	2003-01-01
40	西方经济学(修订本)	李汉君、张满林	中国商业出版社	14	2003-08-01
41	西方经济学(第3版)	董长瑞	经济科学出版社	33	2006-08-01
42	西方经济学教程	赵炳新等编	山东人民出版社	29	2002-12-01
43	西方经济学教程	张淑云等编	化学工业出版社	28	2004-02-01
44	西方经济学教程	韦鹏飞	立信会计出版社	29	2004-10-10
45	西方经济学简明教程	尹伯成编	上海人民出版社	24	2003-07-01
46	西方经济学简明教程	黄保海、倪慧君	山东大学出版社	30	2006-01-01
47	西方经济学导论(第3版)	梁小民	北京大学出版社	23	2004-01-01
48	西方经济学概论	汪传雷等编	中国商业出版社	21	2001-04-01
49	西方经济学导学	刘臣	中央电大出版社	14	2003-07-01
50	西方经济学基础教程(第2版)	梁小民编	北京大学出版社	22	2003-01-01
51	西方经济学简明教程(第5版)	尹伯成	上海人民出版社	24	2006-02-22
52	简明西方经济学	陈承明、凌宗诠、邓继光	上海财经大学	26	2006-08-01
53	新编西方经济学	周平海	立信会计出版社	19.2	2000-09-01
54	现代西方经济学原理(第4版)	李翀编著	中山大学出版社	25	2003-08-01
55	当代西方经济学原理(第4版)	丁冰编著	首都经济贸易大学出版社	21	2004-02-01

续表

序号	书　名	作　者	出版社	市价(元)	出版日期
56	新编现代西方经济学教程	郭羽诞、陈必大编著	上海财经大学出版社	18.5	1996-03-01
57	现代西方经济学原理(第4版)	刘厚俊编著	南京大学出版社	32	2005-02-01
58	现代西方经济学	张东辉主编	山东大学出版社	26	1996-12-01
59	现代西方经济学	霍彦立著	河南人民出版社	20	2000-04-01
60	现代西方经济学	赵莉等编	中国经济出版社	13	1996-08-01
61	现代西方经济学	薛治龙编	中国财经出版社	30	2002-12-01
62	西方经济学原理	史美麟编	立信会计出版社	16	1996-03-01
63	西方经济学简明教程	冯国光、曾宪初、邵国良、李国民	山西经济出版社	21	1999-07-01
64	西方经济学简明教程	吴现立、孙江超、李书进	北京工业大学出版社	22	2005-09-01
65	新编西方经济学原理	李善民	中山大学出版社	18.6	2002-10-01
66	现代西方经济学原理	段文斌	南开大学出版社	28	2006-06-01
67	现代西方经济学教程	张宗斌、王庆功	北京师范大学出版社	28	2002-12-01
68	西方经济学入门(修订本)	梁小民	中国计划出版社	15	1989-09-01
69	现代西方经济学	陈友龙、缪代文编	中国人民大学出版社	26	2002-02-01
70	西方经济学原理(第3版)	杨伯华、缪一德主编	西南财经大学出版社	35.8	2004-08-01
71	西方经济学简明教程	姚海明等编	高等教育出版社	15.7	2002-06-01
72	西方经济学概论	王花球编	经济科学出版社	19.5	2002-08-01
73	西方经济学基础	秦云秀、李慧芬主编	科学出版社	20	2005-08-01
74	现代西方经济学基础原理	刘振坤等编	南开大学出版社	16	1986-07-01
75	西方经济学原理(新编本)	章昌裕等编	中国对外经贸出版社	25	2002-10-01
76	现代西方经济学原理	姜广东等编	东北财大出版社	24	1998-02-01
77	西方经济学教程	张淑云等编	化学工业出版社	28	2004-02-01

附录 F　书名中包含微观经济学和宏观经济学的教材

序号	书　名	作　者	出版社	市价(元)	出版日期
1-1	研究生用西方经济学(宏观部分)	高鸿业、吴易风、吴汉洪	经济科学出版社	45	2006-07-01
1-2	研究生用西方经济学(微观部分)	高鸿业等	经济科学出版社	50	2004-01-01
2-1	西方经济学(微观部分)	赵英军	机械工业出版社	25	2006-06-01
2-2	西方经济学(宏观部分)	赵英军	机械工业出版社	22	2006-06-01
3-1	西方经济学(微观经济学部分)	刘凤良	中国人民大学出版社	24	2005-07-01
3-2	西方经济学(宏观经济学部分)	刘凤良	中国人民大学出版社	24	2005-07-01
4-1	西方经济学解析(微观部分)	陈恳、王蕾	高等教育出版社	39	2004-10-1
4-2	西方经济学解析(宏观部分)	陈恳、王蕾	高等教育出版社	35	2004-10-1
5-1	现代西方经济学:宏观经济学	宋承先等著	复旦大学出版社	30	2004-09-01
5-2	现代西方经济学:微观经济学	宋承先等著	复旦大学出版社	24	2004-08-01
6-1	现代经济学(微观经济学部分)	孙斌艺	立信会计出版社	25.5	2005-9-19
6-2	现代经济学(宏观经济学部分)	孙斌艺	立信会计出版社	26.5	2005-06-01
7-1	现代微观经济学	杨玉生著	中国经济出版社	38	2004-01-01
7-2	现代宏观经济学	杨玉生著	中国经济出版社	32	2003-01-01
8-1	微观经济学(修订版)	周军、张伟主编	武汉理工大学出版社	20	1999-08-01
8-2	宏观经济学(修订版)	周军、张伟主编	武汉理工大学出版社	20	2003-01-01
9-1	微观经济学	冯涛等编	陕西人民出版社	27	2001-08-01
9-2	宏观经济学	冯涛 等编	陕西人民出版社	28	2002-03-01
10-1	西方经济学:宏观经济学	宋承先	复旦大学出版社	30	2001-09-01
10-2	西方经济学:微观经济学	宋承先	复旦大学出版社	24	2001-03-01
11-1	现代西方经济学教程(上册:微观经济学原理)	魏埙、蔡继明、刘骏民、柳欣	南开大学出版社	20	2001-04-01
11-2	现代西方经济学教程(上册:宏观经济学原理)	魏埙、蔡继明、刘骏民、柳欣	南开大学出版社	20	2001-04-01

续表

序号	书　名	作　者	出版社	市价(元)	出版日期
12-1	宏观经济学(当代西方经济学系列教材)	邹薇、谭崇台、郭熙保	中国社会科学出版社	34	2000-04-01
12-2	微观经济学(当代西方经济学系列教材)	郭熙保、何铃编著	中国社会科学出版社	38	2002-09-01
13	微观经济学——原理、案例与应用	陈建萍	中国人民大学出版社	29	2006-09-01
14	微观经济学原理的内涵与应用	傅红春	中国经济出版社	38	2006-08-01
15	图解微观经济学	欧瑞秋、王则柯主编	中国人民大学出版社	49	2005-04-01
16	微观经济学理论	王苏生	中国人民大学出版社	36	2006-08-01
17	微观经济学原理	夏业良编	高等教育出版社	39	2005-04-01
18	微观经济学原理	贾辉艳编	北京大学出版社	27	2005-03-01
19	微观经济学原理	李家军	西北工大出版社	20	2006-11-01
20	现代微观经济学	李致平	中国科学技术大学出版社	25	2006-02-01
21	现代微观经济学	司春林、顾国章、郁义鸿编著	复旦大学出版社	15	1998-12-01
22	微观经济学教程	李建琴、史晋川	浙江大学出版社	35	2006-09-01
23	微观经济学教程	刘东、梁东黎	科学出版社	25	2005-08-01
24	微观经济学教程	丁娟娟、吴振信、郑春梅、郝凯	北方交通大学出版社	33	2007-02-01
25	微观经济学教程	钟世洪编	经济日报出版社	27.2	2004-12-01
26	微观经济学教程	张元鹏著	中国发展出版社	32	2005-06-01
27	微观经济学解析	钟茂初编	经济管理出版社	15	2000-06-01
28	微观经济学原理(修订本)	王秋石编	经济管理出版社	30	2001-03-01
29	微观经济学导论	毛子涸等编	西南交大出版社	18.5	1990-03-01
30	微观经济学新编	盛晓白等编	北京大学出版社	21	2002-08-01
31	微观经济学	缪玉林、何涛	科学出版社	19	2005-09-01
32	微观经济学	金镝、任曙明	机械工业出版社	29	2005-07-01
33	微观经济学	黄亚钧	高等教育出版社	33.1	2005-06-01
34	微观经济学	肖殿荒等编	中国经济出版社	24	2005-03-01

续表

序号	书　名	作　者	出版社	市价(元)	出版日期
35	微观经济学	杨长江等编	复旦大学出版社	26	2004-11-01
36	微观经济学	陈菲琼编	清华大学出版社	19.8	2004-09-01
37	微观经济学	叶德磊	高等教育出版社	23	2004-05-01
38	微观经济学	王树林等编	科学出版社	22	2004-04-01
39	微观经济学	周惠中	上海人民出版社	42	2003-09-01
40	微观经济学	李健等编	机械工业出版社	27	2003-08-01
41	微观经济学	朱善利	北京大学出版社	37	2003-01-01
42	微观经济学	汪祥春主编	东北财经大学出版社	32	2002-09-01
43	微观经济学	杜木恒主编	中国财政经济出版社	22	2003-08-01
44	微观经济学	李健、唐五湘	机械工业出版社	27	2005-01-01
45	微观经济学	蔡继明	人民出版社	24	2002-05-01
46	微观经济学	徐春秀、顾建平	中国财政经济出版社	32	2004-09-01
47	微观经济学	张远超、韩庆华、杨传彬、雷娟编著	经济科学出版社	30	2005-05-01
48	微观经济学	江可申、刘瑛、邓晶主编	东南大学出版社	35	2006-02-01
49	微观经济学	段进朋	中国政法大学出版社	26	2003-01-01
50	微观经济学	张卫东	首都经济贸易大学出版社	34.5	2003-09-01
51	微观经济学	陈荣耀、方胜春、徐莉萍编著	东华大学出版社	30	2002-09-01
52	微观经济学	田银华、廖晓燕	中南大学出版社	28	2003-08-01
53	微观经济学	刘志勇	河北人民出版社	25.5	2003-08-01
54	微观经济学	范家骧、刘文忻	东北财经大学出版社	28	2002-10-01
55	微观经济学	张国平	清华大学出版社	25	2007-02-01
56	微观经济学	和炳全	重庆大学出版社	28	2003-02-01
57	微观经济学	李仁君	清华大学出版社	34	2007-01-01
58	微观经济学	刘秀光编	厦门大学出版社	18	2003-09-01
59	微观经济学	金浩等编	南开大学出版社	32	2004-04-01
60	微观经济学	孙丽萍	重庆大学出版社	14	2004-08-01
61	微观经济学	李新文、王健	中国农业出版社	21.7	2005-08-01
62	微观经济学(第3版)	刘东、梁东黎编著	南京大学出版社	28	2004-05-01

续表

序号	书　名	作　者	出版社	市价(元)	出版日期
63	微观经济学(修订版)	陈通编著	天津大学出版社	16	1999-09-02
64	微观经济学(第 2 版)	全林、汤石章	上海交通大学出版社	14	2005-12-01
65	宏观经济学	梁小民	中国社会科学出版社	22	1996-09-01
66	宏观经济学	曹家和	清华大学出版社	36	2006-03-01
67	宏观经济学	刘小怡	中国经济出版社	22	2006-01-01
68	宏观经济学	顾建平、陈瑛	中国财政经济出版社	28	2004-09-01
69	宏观经济学	卜海、姚海明、华桂宏	东南大学出版社	33	2005-09-01
70	宏观经济学	张满银	机械工业出版社	18	2005-08-01
71	宏观经济学	杨长江	复旦大学出版社	25	2004-11-01
72	宏观经济学	顾建平等编	中国财政经济出版社	28	2004-09-01
73	宏观经济学	王辛枫等编	科学出版社	22	2004-08-01
74	宏观经济学	石良平	高等教育出版社	30	2004-04-01
75	宏观经济学	杜木恒	中国财政经济出版社	24	2004-04-01
76	宏观经济学	吴信如	立信会计出版社	17.6	2003-11-01
77	宏观经济学	袁志刚等著	上海人民出版社	35	2003-10-01
78	宏观经济学	胡振华、袁乐平	中南大学出版社	25	2003-08-01
79	宏观经济学	杨欢进	河北人民出版社	21.8	2003-08-01
80	宏观经济学	王志伟	北京大学出版社	40	2006-12-01
81	宏观经济学	张小蒂等著	浙江大学出版社	12	1997-05-01
82	宏观经济学	叶航编	浙江大学出版社	20	2000-02-01
83	宏观经济学	韩秀云著	中国发展出版社	26	2004-07-01
84	宏观经济学	诸葛霖等编	对外经贸大学出版社	19	2000-05-01
85	宏观经济学	徐康宁等编	石油工业出版社	29	2003-09-01
86	宏观经济学	朱延福等编	中国统计出版社	56	2002-09-01
87	宏观经济学	武拉平等编	中国农大出版社	24	2004-01-01
88	宏观经济学	韩庆华、张远超	经济科学出版社	28	2005-11-01
89	宏观经济学	张远超、孟祥仲	经济科学出版社	26	2006-08-01
90	宏观经济学	张远超、孟祥仲	山东大学出版社	25.8	2006-08-01
91	宏观经济学	陈荣耀、方胜春、吉余峰	东华大学出版社	28	2003-08-01

续表

序号	书　名	作　者	出版社	市价(元)	出版日期
92	宏观经济学(第6版)	陈岱孙编	中国人民大学出版社	63	1997-10-01
93	宏观经济学(第3版)	梁东黎编著	南京大学出版社	36	2004-03-01
94	宏观经济学(第4版)	汪祥春主编	东北财经大学出版社	28	2004-03-01
95	宏观经济学(第2版)	吕荣华	上海交通大学出版	18	2000-01-01
96	宏观经济学(中国版)	李晓西	中国人民大学出版社	38	2005-12-01
97	当代西方宏观经济学(第3版)	汪祥春主编	东北财经大学出版社	19	2000-01-03
98	宏观经济学教程	叶航	浙江大学出版社	28	2005-12-01
99	宏观经济学解析	马新	经济管理出版社	15	2000-09-01
100	宏观经济管理学	李震中	中国人民大学出版社	19	1994-11-01
101	西方经济学:宏观部分(第3版)	高鸿业编	中国人民大学出版社	28	2004-09-01
102	西方经济学(下册)宏观经济分析	黎诣远	清华大学出版社	16	2001-10-01
103	现代宏观经济学	袁守启	中国经济出版社	48	2006-12-01
104	微观宏观经济学(新一版)	杨君昌著	立信会计出版社	33	1999-01-01
105	微观经济学与宏观经济学(第2版)	缪代文	高等教育出版社	16.3	2004-04-01
106	宏微观经济学	陈东琪	中央广播电视大学出版社	18	2000-08-01
107	宏微观经济学	陈通主编	天津大学出版社	33	2004-09-01

附录G 西方经济学配套材料

序号	书 名	作 者	出版社	市价(元)	出版日期
1	西方经济学习题解答	冯金华	上海人民出版社	27	2006-10-01
2	现代西方经济学原理考试大纲及习题	段文斌	南开大学出版社	22	2006-06-01
3	西方经济学习题集	赵英军	机械工业出版社	22	2006-06-01
4	西方经济学学习精要与习题集(微观部分)	张军	上海财经大学出版社	26	2006-04-01
5	西方经济学学习精要与习题集(宏观部分)	胡永刚	上海财经大学出版社	33	2005-12-01
6	西方经济学习题解析	李致平、洪功翔	东南大学出版社	33	2005-07-01
7	西方经济学习题指南	邢丽娟	中国对外经济贸易出版社	25	2005-06-01
8	西方经济学学习与教学手册	高鸿业编	中国人民大学出版社	35	2005-04-01
9	西方经济学原理习题集	章昌裕等编	中国对外经济贸易出版社	15	2003-08-01
10	西方经济学习题集粹	张东辉	经济科学出版社	44	2003-04-01
11	现代西方经济学习题指南宏观经济学	尹伯成	复旦大学出版社	22	2003-03-01
12	西方经济学习题集	宋宝宪等编	清华大学出版社	15	2000-05-01
13	微观经济学考研模拟试题详解(2007)	金圣才	中国石化出版社	49.8	2006-03-01
14	宏观经济学考研模拟试题详解(2007)	金圣才	中国石化出版社	49.8	2006-03-01
15	微观经济学经典教材习题详解	陈胜权	对外经济贸易大学出版社	22	2005-12-01
16	宏观经济学经典教材习题详解	陈胜权	对外经济贸易大学出版社	23	2005-09-01
17	微观经济学复习指南:经济学硕士入学考试必备	金祥荣编	清华大学出版社	29	2004-11-01
18	《微观经济学》学习指南	周惠中	上海人民出版社	24	2003-11-01
19	《宏观经济学》学习指南	袁志刚、何樟勇、张涛	上海人民出版社	18	2006-1-01
20	宏观经济学复习指南:经济学硕士入学考试必备	舒元编	清华大学出版社	33	2004-11-01

续表

序号	书　名	作　者	出版社	市价(元)	出版日期
21	微观宏观经济学习题与解答	杨君昌等	立信会计出版社	23	2000-03-01
22	《现代西方经济学原理》(第4版)学习指导与习题解答	李翀编著	中山大学出版社	18	2003-08-01
23	当代西方经济学原理(第4版)辅导与练习	丁冰、张连城编著	首都经济贸易大学出版社	14	2004-06-01
24	西方经济学习题精编(沉淀经典、汇聚精华、事半功倍)	陈恳、吴卫华主编	高等教育出版社	30	2002-05-01
25	现代西方经济学教程练习与指导	刘骏明	南开大学出版社	29	2003-04-01
26	西方经济学习题集粹(分宏观、微观两册)	张东辉主编	经济科学出版社	44	2003-04-01
27	西方经济学习题集	朱宝宪、陈章武	清华大学出版社	15	1994-11-01
28	现代西方经济学习题集	胡维熊、张德远	上海财经大学出版社	13.8	1996-04-01
29	《西方经济学》例题精解与练习	张元鹏编著	首都经济贸易大学出版社	39	2002-10-01
30	西方经济学题解精粹	张跃平	中国地质大学出版社	19.8	2004-09-01
31	西方经济学(微观部分)同步辅导	蔡声霞、李熠主编	中国时代经济出版社	18	2006-02-01
32	西方经济学(宏观部分)同步辅导	李熠、蔡声霞主编	中国时代经济出版社	18	2006-02-01
33	西方经济学辅导：宏观部分	牛丽英主编	人民日报出版社	20	2005-08-01
34	西方经济学辅导：微观部分	牛丽英主编	人民日报出版社	23.8	2005-08-01
35	西方经济学习题集	缪代文	中国人民大学出版社	16	2005-01-01
36	微观经济学习题	蔡继明	人民出版社	14.5	2002-05-01
37	微观经济学学习指导	刘东、王国生	南京大学出版社	11	2001-09-01
38	微观经济学课程辅导与训练	李广伶主编	中国人民大学出版社	22	2005-11-01
39	宏观经济学学习指导	梁东黎	南京大学出版社	12	2000-07-01
40	西方经济学课程题解	周加来	高等教育出版社	29	2006-09-01

续表

序号	书　名	作　者	出版社	市价(元)	出版日期
41	西方经济学自测练习	王杜荣编	中央电大出版社	26	2003-12-01
42	西方经济学案例	金雪军编	浙江大学出版社	25	2004-09-01
43	西方经济学〈微观部分〉同步辅导	华志峰	出版社:科技文献	10	2007-01-01
44	西方经济学学习指导	刘新利编	人民出版社	12	2002-03-01
45	西方经济学题解精粹	张跃平编	中国地质大学出版社	19.8	2004-09-01
46	西方经济学习题与案例	臧日宏、王广斌	中国农大出版社	28.5	2005-08-01
47	微观经济学导教·导学·导考	张云峰主编	西北工业大学出版社	20	2004-09-01

攻读博士学位以来的主要科研成果

（2004 年 2 月—2009 年 2 月）

一、攻读博士学位以来发表的论著

1.《法经济学在中国的新进展》,《经济研究》,2006(6)124～127
2.《经济政策的时间一致性和经济周期的驱动力量》,人大复印资料《理论经济学》,2005(1):76～84
3.《On the Profit-making Mode of Industry Portal Websites in China》,《E-trade Review》,2006(11),23～40
4.《互联网定价机制研究》,《浙江社会科学》,2004(4):193～197
5.《计算机软件版权保护与专利保护的比较研究》,《制度经济学研究》2004(5):54～63
6.《机制设计理论》,《浙江社会科学》,2007(6):188～192
7.《域名权界定的法律经济学分析》,《学会》,2004(5):360～363
8.《法律·金融·增长》第六章,经济科学出版社,2004
9.《中国当代经济》第十一章,浙江大学出版社,2008
10.《浙江省改革开放研究的回顾与展望》第九章,浙江大学出版社,2007
11.《民营经济与制度创新:台州现象研究》第十九章,浙江大学出版社,2004
12. 译著《经济学与法律——从波斯纳到后现代主义》,法律出版社,2005
13. 主编《电子商务教程》,浙江大学出版社,2005
14. 副主编《电子商务导论》,浙江大学出版社,2003
15. 参编《法经济学》,北京大学出版社,2007
16. 参编《西方经济学》,清华大学出版社,2004
17. 参编《西方经济学(微观部分)》,机械工业出版社,2006
18. 参编《西方经济学习题集》,机械工业出版社,2006
19. 参编《西方经济学》,中国科学技术出版社,2006

二、攻读博士学位以来负责和参与的项目

1.《最优原创收益与激励后续创新的均衡》,浙江省教育厅(2004 年 9 月),项目负责人,已结题

2.《版权经济学研究》,浙江省社科联(2008 年),项目负责人,在研

3.《互联网定价机制研究》,校级科研项目(2003 年),项目负责人,已结题

4.《浙江改革开放研究的回顾与展望》,浙江省社科规划重大招标课题,2004—2006 年,主要参与者,已结题

5.《地方政府竞争与区域经济开放》,浙江省社科规划课题基地项目,2006—2008 年,主要参与者,在研

6.《民营经济与制度创新:台州现象研究》,浙江省重大社科项目,2002—2004 年,主要参与者,已结题

7.《杭州加速形成动漫产业发展优势的机制研究》,杭州市社科规划课题,2007 年 8 月—2008 年 5 月,主要参与者,已结题

8.《杭州市电子商务发展年度报告(2008)》,杭州市信息办,2008 年 1 月—2008 年 7 月,主要参与者,已结题

9.《和谐创业与和谐发展:杭州道路研究》,杭州市政府委托项目,2005 年,主要参与者

10.《法经济学》,国家“十一五”规划教材,主要编写者,2005 年 11 月—2006 年 12 月

后 记

本书是在我的博士论文《激励与接入：版权制度的经济学研究》基础上修改而成的。从读研期间确定法经济学的研究方向开始，就选择版权制度作为我的研究对象，不知不觉中已经与它相伴近十载。

在浙江大学经济学院学习的时间是我人生中最为丰富的一段成长经历。经济学院有着一方自由而纯净的学术天空，也有着海纳百川的气势，更有着格高致远的愿景。徜徉其间，耳濡目染着师长的儒雅博学，亲身感受到同门的意趣激昂。其中有太多的人、太多的事让我永远铭记和心存感激。在此，我要感谢我的老师、同学和朋友，感谢他们在这四年里给予我的提携、鼓励和友谊。

首先要感谢的是我的恩师，史晋川教授。史老师是国内知名的经济学家，能够成为史老师的门下，我的内心澎湃着一种特别的自豪，但同时也不得不时常用一种见贤思齐的目标来敦促自己努力学习。史老师有着深厚的理论功底，对前沿又有着透彻而全面的把握。对于我的任何困惑，导师总能轻而易举地道出其中的历史渊源、理论争议以及发展脉络，总能让人在山穷水尽之时又获得了柳暗花明的豁然开朗。史老师所具有的学术大家风范和系统深入的专业素养常常让我感到发自内心的崇敬。这也使得我在导师面前，从不敢奢谈交流，更多的是聆听教诲。史老师的博厚和睿智偶尔在不经意的言谈之间就流露出来，每每让我感觉到自己的匮乏；史老师的严谨和宽容常常在平日里的行为中就体现出来，至今令我印象深刻。借此论文成书之际，再一次向史老师致以我最诚挚的谢意，感谢您这些年来对我的悉心指导和支持鼓励以及在学业和生活上的诸多关照。

在学习和研究期间，浙江大学经济学院的张旭昆教授、叶航教授以及罗德明副教授都对论文的框架、内容等各个方面提出了许多建设性的意见。在此向你们致以衷心的感谢！我也为自己能在茫茫的求知路上遇到诸位优秀的老师而感到荣幸。此外，还要感谢金祥荣教授、赵伟教授、肖文教授、罗卫东教授、汪炜教授、曹正汉教授、蒋岳祥教授、潘士远副教授，在你们的课堂上我找到了现代经济学的精髓。

浙江大学经济学院的赵自芳博士对本书的写作给予了极大的帮助。同时在与各位师门同仁的交往和交流中，产生了不少思路和观点，他们是何嗣江、单祥英、钱陈、唐勇、许云华、刘晓东、钱滔、李丽等同学，在此一并表示感谢。本书的出版，得益于浙江大学出版社的袁亚春副社长和本书的责任编辑朱玲。对他们的帮助，我表示衷心的感谢。

当然还要感谢我的父母和家人，为了能让我专心研究，他们承担了大量的工作，为我付出了太多太多，他们永远是我最信赖和最依赖的坚强后盾。我还要感谢我的丈夫董雪兵，在这四年里我们一起经历了很多，有了共同的家，有了共同的事业和学业，有了共同的爱情结晶。是你的督促和鼓励，使我在学业上和事业上能够不断前行。谨以此书，献给我亲爱的儿子董子墨，因为有你，天空变得更蓝；因为有你，世界变得更美；因为有你，全家变得幸福。无论时光如何变幻，都希望能牵着你的手去追赶明天的太阳。

所有人的生命历程在人类历史的长河中都是一个小小的段落，因此每一代人都有自己的命中注定的遗憾，同样世间的万物也有自己命中注定的缺憾。因此，恳请读者能对书中的不足和缺憾提出宝贵意见。

朱　慧

2009 年 3 月于学苑春晓

图书在版编目（CIP）数据

激励与接入：版权制度的经济学研究／朱慧著．—杭州：浙江大学出版社，2009.6
（法律经济学博士文丛／史晋川主编）
ISBN 978-7-308-06834-5

Ⅰ．激… Ⅱ．朱… Ⅲ．版权—研究 Ⅳ．D913.04

中国版本图书馆 CIP 数据核字（2009）第 089801 号

激励与接入：版权制度的经济学研究

朱 慧 著

丛书策划 袁亚春
责任编辑 朱 玲
封面设计 刘依群
出版发行 浙江大学出版社
（杭州天目山路 148 号 邮政编码 310028）
（网址：http://www.zjupress.com）
排　　版 杭州中大图文设计有限公司
印　　刷 杭州余杭人民印刷有限公司
开　　本 710mm×1000mm 1/16
印　　张 12
字　　数 200 千
版 印 次 2009 年 6 月第 1 版 2009 年 6 月第 1 次印刷
书　　号 ISBN 978-7-308-06834-5
定　　价 25.00 元

浙江大学出版社发行部邮购电话 （0571）88925591